Süße Stimmungsmacher

sind Weihnachtsplätzchen, Stollen und Kuchen für die weihnachtliche Kaffeetafel. Mischen Sie die beliebtesten Klassiker mit ganz neuen Sorten und probieren Sie zur Abwechslung Rezepte aus Holland, England und Frankreich aus.
Dank wertvoller Tips lassen sich diese verführerischen Leckereien natürlich bis zum Fest gut aufbewahren, aber wir wissen alle: Vor Weihnachten schmecken sie am allerbesten!

Die Farbfotos gestalteten Odette Teubner und Dorothee Gödert.

INHALT

Wie und womit von A bis Z

Damit Ihnen das Backen leicht von der Hand geht und schon in der Küche die richtige Weihnachtsstimmung aufkommt, sind hier die wichtigsten Backbegriffe und praktischen Tips in alphabetischer Reihenfolge zusammengefaßt.

Abwiegen: Wiegen Sie die Backzutaten gleich zu Arbeitsbeginn ab, damit Sie sie während des Backens griffbereit haben. Halten Sie sich dabei genau an die in den Rezepten angegebenen Mengenverhältnisse, nur so kann ein gutes Backergebnis erreicht werden.

Ausrollen: Fester Teig sollte nach dem Kneten etwa 15 Minuten ruhen, damit er sich besser ausrollen läßt.
Streuen Sie etwas Mehl auf die Arbeitsfläche und den Teigroller. Legen Sie den Teig auf das Mehl und rollen Sie ihn mit leichtem Druck auf den Teigroller nach allen Seiten hin aus, bis er die gewünschte Größe und Dicke hat.
Der Teig soll ganz gleichmäßig dick sein, sonst kann es Ihnen passieren, daß beim Backen ein Teil schon dunkel wird, während der andere noch halb roh ist.
Wenn Sie ein Rechteck ausrollen möchten, formen Sie den Teig am Anfang zu einem länglichen Laib.
Nach dem Ausrollen entfernen Sie das überflüssige Mehl mit einem kleinen Tischbesen.

Ausstechformen gibt es aus Weißblech und aus Plastik. Die aus Weißblech haben die schärferen Kanten und eignen sich deshalb besser zum Ausstechen. Drücken Sie die Förmchen während des Ausstechens immer mal wieder in Mehl, damit kein Teig haften bleibt.

Backformen: Welche Art Backformen Sie verwenden, richtet sich vor allem nach Ihrem Backofen. Für Elektroherde eignen sich am besten die schwarzlackierten Formen, die die Hitze besonders gut leiten. Auch beschichtete Formen sowie solche aus hitzebeständigem Glas oder Keramik sind gut geeignet.
In Gasbacköfen bewähren sich die weißlackierten Formen und die aus Weißblech am besten.

Backpulver: Treibmittel aus Natron und Weinstein. Durch die Backhitze wird daraus Kohlensäure, die den Teig aufgehen und locker werden läßt.

Biskuit: Ob Biskuit fertig gebacken ist, können Sie mit der Fingerprobe feststellen. Drücken Sie mit einem Finger leicht auf den Teig. Bleibt keine Vertiefung zurück, ist er durchgebacken.
Bevor Biskuit gefüllt wird, sollte er ganz erkaltet sein. Am schnellsten geht das, wenn Sie ihn nach dem Backen auf ein feuchtes Küchentuch stürzen und ein zweites, ebenfalls feuchtes Tuch auf die mit Backpapier bedeckte Seite legen.

Blätterteig können Sie selbst anfertigen, leichter ist es aber, wenn Sie ihn tiefgefroren kaufen. Zum Auftauen legen Sie die Platten nebeneinander und lassen sie etwa 15 Minuten bei Zimmertemperatur ruhen. Rollen Sie den Blätterteig immer in zwei Richtungen aus, also längs und quer, sonst geht er nicht richtig auf.

Bei der Vielfalt von Ausstechformen können Sie Sammelleidenschaft entwickeln. Klassische Motive wie Sterne, Kreise und Herzen dürfen dabei nicht fehlen.

Eischnee glänzt besonders schön, wenn Sie während des Schlagens 2 Teelöffel kaltes Wasser hinzufügen.

Zum Backen legen Sie den Teig auf ein kalt abgespültes, nicht abgetrocknetes Blech, da bleibt er nicht kleben. Oder Sie verwenden Backpapier.

Butterschmalz: durch Ausschmelzen von Butter gewonnenes reines Fett, das sich sehr gut zum Backen und Braten eignet. Butterschmalz ist gekühlt jahrelang haltbar.

Dressieren: Teig in eine bestimmte Form bringen, zum Beispiel in kleinen Portionen dekorativ auf Oblaten oder Backpapier setzen.

Einschubhöhe: Flaches Gebäck wie Plätzchen backen Sie am besten in der Backofenmitte. Die höheren Kuchen und Stollen geben Sie auf die untere Schiene, damit sie aufgehen können, ohne an die Backofendecke anzustoßen.

Zu starke Unterhitze können Sie mildern, indem Sie ein leeres Blech unter das Backblech schieben oder das Backblech mit einem festen Stück Pappe und Backpapier auslegen.

Bräunt das Gebäck zu schnell, decken Sie es mit Pergamentpapier oder Alufolie ab.

Eischnee schlagen: Geben Sie das Eiweiß in eine absolut fettfreie Schüssel und fügen Sie eine Prise Salz oder einen Teelöffel Zitronensaft hinzu, dann wird der Eischnee besonders schön.

Vermeiden Sie, den Eischnee zu lange zu rühren. Er wird dann flockig und verbindet sich nicht mehr gut mit anderen Zutaten.

Für Baisermasse rühren Sie das Eiweiß erst schaumig und lassen dann beim Weiterrühren nach und nach den Zucker einrieseln.

Der Eischnee hat die richtige Festigkeit, wenn beim Herausziehen des Rührgeräts sich lange Spitzen bilden, die aufrecht stehen bleiben.

Elektrisches Handrührgerät: eine der größten Küchenhilfen. Mit den Quirlen können Sie Rührteige, Schlagsahne und Eischnee herstellen, mit den Knethaken werden Hefeteige und andere feste Teige bearbeitet.

Form fetten: Um zu vermeiden, daß das Gebäck an der Backform haften bleibt, streichen Sie die Form mit Fett ein. Butter, Butterschmalz, Margarine und geschmacksneutrales Öl eignen sich gleich gut dafür. Achten Sie beim Einfetten darauf, daß Sie die Ecken erreichen!

Bei bestimmten Teigarten können Sie auf das Einfetten verzichten. Mürbeteig enthält selbst genug Fett, und Blätterteig wird auf einem kalt abgespülten, noch feuchten Blech gebacken.

Hefe: einzellige Pilze, die sich in Verbindung mit Feuchtigkeit und Zucker stark vermehren. Frische Hefe ist bräunlichrosa und krümelig. Sie wird in Würfeln von etwa 40 Gramm verkauft, muß kühl gelagert werden, kann aber auch für etwa vier Monate eingefroren werden. Aufgetaute Hefe ist breiig, hat aber von ihrer Treibkraft nichts verloren. Trockenhefe können Sie in kleinen Tütchen kaufen.

Beachten Sie bei ihrer Verwendung genau die Packungsanweisung. Hefe geht nicht auf, wenn sie mit Salz, Fett oder Eigelb in Berührung kommt.
Hefeteig: ein sehr beliebter Teig, bei dem als Lockerungsmittel Hefe verwendet wird. Die Zutaten für Hefeteig sollen alle gleichmäßig zimmerwarm sein. Am besten stellen Sie sie schon am Tag zuvor bereit.
Hirschhornsalz: Treibmittel, das Gebäck lockert und aufgehen läßt. Früher wurde es durch Destillation aus Hörnern gewonnen. Da Hirschhornsalz sich in Verbindung mit Sauerstoff zersetzt, muß es gut verschlossen aufbewahrt werden.
Honig: Zum Backen können Sie ruhig etwas preisgünstigere Sorten verwenden, da beim Erhitzen einige der empfindlichen Inhaltsstoffe verlorengehen. Verflüssigen Sie den Honig für den Teig so schonend wie möglich, entweder bei schwacher Hitze im Topf oder im Wasserbad, damit das Aroma erhalten bleibt. Auf keinen Fall dürfen Sie den Honig kochen.
Kuchengitter gibt es in runder und eckiger Ausführung. Auf einem Kuchengitter kühlt der Kuchen besonders gut aus, weil die Hitze auch nach unten entweichen kann.
Küchenwaage: ein unerläßliches Arbeitsgerät, denn Gebäck gelingt nur, wenn die Zutatenmengen stimmen. Die Küchenwaage sollte bis zu 1 kg zuverlässig wiegen, möglichst in Einheiten von 5 g.

Hefeteig läßt sich erst nach dem Gehen mit den Händen bearbeiten. Vorher bleibt er an den Fingern kleben.

Kuvertüre: Schokoladenglasur aus Kakaomasse, Kakaobutter und Zucker. Die im Handel erhältliche Kuvertüre enthält dazu noch einen Emulgator, durch den sich die sonst aufwendige Behandlung der Kuvertüre erübrigt.
Die Kuvertüre wird in kleine Stücke gebrochen, im Wasserbad oder in der Mikrowelle bei 600 Watt geschmolzen und gleichmäßig auf das Gebäck aufgetragen.
Lebkuchen: eines der ältesten Backwerke, das sich bis heute, vor allem in der Weihnachtszeit, großer Beliebtheit erfreut. Lebkuchenteig sollte mindestens 2 Tage ruhen. Der Teig für hohes Gebäck sollte sogar etwa vier Monate ruhen, damit im Teig ein natürliches Gärmittel entstehen kann, das Treibmittel wie Pottasche und Hirschhornsalz überflüssig macht.
Lebkuchengewürz: Würzmischungen können Sie fertig kaufen, aber auch problemlos selbst zusammenstellen. Für ungefähr 5 Eßlöffel von jeweils 12–15 g benötigen Sie:
12 g Zimtpulver,
5 g Nelkenpulver,
15 g Anispulver,
5 g Ingwerpulver,
3 g Mazisblüte, gemahlen,
15 g Fenchelpulver,
15 g Koriander, gemahlen.
Mischen Sie die Gewürze sehr sorgfältig miteinander und geben Sie die im Rezept angegebene Menge in den Teig. Wenn Sie nicht die ganze Mischung verbrauchen, heben Sie den Rest in einem luftdicht verschließbaren Glas auf.

Mandelkerne schälen: Geben Sie die Mandeln in eine Schüssel, übergießen sie mit kochendem Wasser und lassen Sie sie etwa 10 Minuten darin ziehen. Schrecken Sie die Mandeln mit kaltem Wasser ab und lassen Sie sie abtropfen. Nun können Sie die Mandeln zwischen Daumen und Zeigefinger ganz leicht aus der Schale drücken. Die Mandeln, die Sie nicht sofort verwenden, verteilen Sie auf einem Backblech und lassen sie an einem warmen Ort oder in der Restwärme des Backofens trocknen.

Mandeln: Auch die braune Haut um den Kern enthält Geschmacksstoffe, deshalb werden je nach Gebäck die Mandeln geschält oder ungeschält verwendet. Mandeln können Sie im Ganzen, gehobelt, gestiftet und gemahlen kaufen.

Mehl: Unter diesem Begriff wird im allgemeinen Weizenmehl verstanden, das bei uns am häufigsten verwendet wird. Für einige Rezepte in diesem Buch benötigen Sie auch Roggenmehl.

Die Typenzahl auf der Mehltüte gibt Auskunft darüber, wie ausgemahlen das Getreide ist beziehungsweise wie viele der im Getreide vorkommenden Nährstoffe noch im Mehl sind. Das Weizenmehl mit der Typenzahl 405 enthält pro 100 Gramm etwa 405 Milligramm Vitamine und Mineralstoffe. Mehl mit höheren Typenzahlen enthält entsprechend mehr von diesen wertvollen Stoffen.

Mehl sieben: Damit keine Klümpchen oder Fremdstoffe in den Teig geraten, sollten Sie das Mehl sieben, bevor Sie es verarbeiten.

Mohnsamen: Für Füllungen wird Mohn meistens gemahlen. Da er sein Aroma schnell verliert und leicht ranzig wird, sollten Sie ihn erst kurz vor seiner Verwendung mahlen, entweder in einer Mohnmühle, im Blitzhacker oder im Mixer. Die bläulichweißen Samen werden durch das Mahlen deutlich dunkler.

Mürbeteig: Hier gilt die Regel 1:2:3. Die Zahlen geben das Verhältnis von Zucker zu Butter und Mehl an.

Der Teig sollte zwischen Zubereitung und Backen eine Zeitlang kühl stehen. Geben Sie ihn am besten gleich nach dem Kneten in die Form und stellen Sie ihn so kühl, dann ersparen Sie es sich, ihn nach dem Kühlen zum Ausrollen erst wieder auf Zimmertemperatur zu bringen.

Natron: auch Natriumbikarbonat genannt. Entwickelt unter Säureeinwirkung Kohlendioxyd und wird deshalb als Treib- und Lockerungsmittel für schwere Teige verwendet. Halten Sie sich bei der Dosierung genau an die Rezeptanweisung und fügen Sie das Natron erst kurz vor dem Backen dem Teig zu.

Orangeat: mit Zucker eingekochte Schale von Pomeranzen, einer bitter schmeckenden Orangensorte.

Palette: langes dünnes, breites Metallblatt mit einem Griff, mit dem Backwaren gewendet und versetzt werden können. Glasuren lassen sich mit Hilfe von einer Palette besonders gleichmäßig auftragen.

Buchstäblich kinderleicht lassen sich die abgebrühten Mandeln aus der Schale drücken.

Pottasche: Kaliumkarbonat, das als Treibmittel vor allem für Honigkuchen verwendet wird. In Verbindung mit der Säure des Honigs lockert die Pottasche den Teig langsam und treibt ihn in die Breite. Vor Weihnachten bekommen Sie Pottasche im Supermarkt, in der Apotheke gibt es sie das ganze Jahr über.
Rosinen: Oberbegriff für getrocknete Weinbeeren, zu denen unter anderen auch Sultaninen und Korinthen zählen. Rosinen gibt es im Handel geschwefelt und ungeschwefelt. Bevorzugen Sie die ungeschwefelten, die sind gesünder. Waschen Sie die Rosinen vor Gebrauch gründlich in heißem Wasser. Damit sie im Teig nicht nach unten sinken, trocknen Sie sie auf Küchenpapier und wälzen sie vor dem Einrühren in Mehl.
Rübensirup: aus Zuckerrüben gewonnener Saft, der eingekocht und karamelisiert wird. Kann beim Backen wie Honig zum Süßen verwendet werden.
Rührteig: Wie beim Hefeteig sollen auch beim Rührteig alle Zutaten Zimmertemperatur haben, dann verbinden sie sich am besten. Rühren Sie die Eier nicht auf einmal, sondern nacheinander ein. Sobald das Mehl vollständig eingearbeitet ist, sollten Sie mit dem Rühren aufhören, da »überrührter« Teig beim Backen fest wird. Ideal ist der Teig, wenn er zähflüssig reißend vom Löffel fällt.
Sahne steif schlagen: Das geht am besten, wenn die Sahne gut gekühlt ist. Geben Sie den Zucker gleich zu Anfang dazu, damit er sich während des Schlagens auflösen kann. Andere Geschmacksstoffe wie Säfte oder Schokolade fügen Sie erst am Schluß hinzu. Wenn Sie ein elektrisches Handrührgerät benutzen, beginnen Sie auf der mittleren Geschwindigkeitsstufe und schalten auf die niedrigste zurück, sobald die Sahne steif zu werden beginnt. Achten Sie darauf, daß Sie die Sahne nicht zu lange schlagen, sie wird sonst – ebenso wie Eischnee – flockig oder schlimmstenfalls sogar zu Butter.
Speisestärke: Wenn Sie beim Backen von Biskuitböden einen Teil des Mehls durch Speisestärke ersetzen, entsteht eine gleichmäßig feine Porung der Krume.
Spekulatius: klassisches Weihnachtsgebäck aus kräftig gewürztem Mürbeteig, das mit Hilfe von Modeln zu traditionellen Figuren geformt wird.
Spekulatiusgewürz: Fertige Mischungen gibt es zu kaufen. Eine individuelle Geschmacksnote bekommt Ihr Gebäck aber, wenn Sie sich Ihre Mischung selbst zusammenstellen, zum Beispiel mit
35 g Zimtpulver,
12 g Mazisblüte, gemahlen,
12 g Nelkenpulver,
10 g Ingwerpulver,
7 g Kardamom, gemahlen,
7 g Pfeffer, frisch gemahlen.
Mischen Sie die Gewürze sorgfältig und geben Sie die im Backrezept angegebene Menge zum Teig. Den Rest heben Sie in einem Glas auf.

Für Ihren Spekulatius: Zimt aus Ceylon, Mazisblüte aus den Tropen. Gewürznelken von Sansibar, Ingwer und Kardamom aus Südasien, Pfeffer aus Indien.

Spritzglasur: Verrühren Sie 125 g Puderzucker mit 1 Eiweiß, bis die Masse weiß und geschmeidig ist. Fügen Sie noch etwas Flüssigkeit – Wasser, Saft oder Alkohol – hinzu, damit der Guß spritzfähig wird. Mit Spritzglasur können Sie Kuchen und Torten besonders hübsch dekorieren.
Stäbchenprobe: Um sicher sein zu können, daß ein Kuchen durchgebacken ist, machen Sie die Stäbchenprobe. Stechen Sie in die dickste Stelle des Kuchens ein Holzstäbchen und ziehen Sie es sofort wieder heraus. Haftet kein Teig an dem Holz, ist der Kuchen fertig, hängen noch Teigreste daran, backen Sie den Kuchen noch weitere 10 Minuten und wiederholen dann die Probe.
Stollen: Hefeteiggebäck mit vielen Gewürzen und Rosinen. Der dick mit Puderzucker bestäubte Laib ist ein Symbol für das Christuskind in Windeln. Der Zucker auf dem Stollen hat aber auch noch eine praktische Bedeutung: Er bewirkt, daß das Gebäck sehr lange haltbar ist.
Tortenboden horizontal durchschneiden: Bei etwas festeren Kuchen stechen Sie ein langes scharfes Messer flach bis in die Mitte der Torte und drehen diese dann, bis die obere Schicht abgeschnitten ist.
Bei weichem Gebäck wie zum Beispiel Biskuitteig können Sie die Torte teilen, indem Sie einen Zwirn- oder Küchengarnfaden um die Torte legen und langsam zusammenziehen. Der Faden zerschneidet dabei den Kuchen.

a) Mit einem festen Faden läßt sich ein lockerer Kuchen ganz exakt teilen, bei Bedarf auch in mehrere Scheiben.

b) »Kuchenretter« heißt die Platte, mit der Sie gefahrlos den Kuchen abtragen können, nachdem Sie ihn zerteilt haben.

Heben Sie den oberen Teil des Kuchens ab, indem Sie ein Stück Pappe in der Größe der Torte in den Schnitt schieben und darauf den Tortendeckel lagern, dann bricht er nicht.
Vanillezucker: Mischung aus feinem Kristallzucker und Vanillemark. Vanillezucker können Sie selbst herstellen, indem Sie in ein luftdicht verschließbares Glas feinen Zucker und eine aufgeschlitzte Vanilleschote geben. Lassen Sie die Mischung etwa zwei Wochen ziehen. Der Zucker bleibt ungefähr 1 Jahr lang aromatisch.
Vanillinzucker: Mischung aus dem naturidentischen Aromastoff Vanillin und Kristallzucker. Vanillinzucker hat den echten Vanillezucker im Handel weitgehend verdrängt.
Wasserbad: Wenn Sie hitzeempfindliche Substanzen schmelzen lassen oder cremig rühren wollen, tun Sie das am schonendsten in einem Wasserbad. Dafür füllen Sie einen weiten Topf etwa bis zur Hälfte mit Wasser und erhitzen es bis knapp unter den Siedepunkt. In das heiße Wasser stellen Sie ein kleineres hitzebeständiges Gefäß, am besten eine Metallschüssel, die die Wärme besonders gut leitet, und bearbeiten darin die Zutaten.
Zitronat: Schale einer sehr großen Zitronenart, die in Salzwasser eingelegt und mit Zucker eingekocht wurde. Zitronat wird gewürfelt in kleinen Packungen verkauft.
Zucker: Die einzelnen Sorten unterscheiden sich durch Reinheit (Raffinade), Form (Hagelzucker, Puderzucker) und Zusätze (Gelierzucker).
Zucker bleibt nur auf heißem Gebäck haften. Bestäuben Sie den Kuchen also gleich, wenn er nach dem Backen aus dem Ofen kommt, und wälzen Sie auch die Plätzchen gegebenenfalls gleich in Zucker.

Honigkuchenherzen

Zutaten für etwa 50 Stück:
50 g Butterschmalz
300 g Honig
300 g Mehl
2 Eier
Salz
150 g Mandeln, gemahlen
50 g Zitronat
50 g Orangeat
15 g Lebkuchengewürz (siehe Seite 6)
1/2 Teel. Pottasche
1/2 Teel. Hirschhornsalz
Zum Dekorieren:
1 Eigelb
100 g kandierte Kirschen
150 g Mandeln, geschält
Für das Backblech: Butterschmalz
Für die Arbeitsfläche: Mehl

Gelingt leicht

Bei 50 Stück pro Stück etwa:
420 kJ/100 kcal
2 g Eiweiß · 6 g Fett
12 g Kohlenhydrate

- Ruhezeit: mindestens 48 Stunden
- Zubereitungszeit: etwa 2 Stunden (davon 20 Minuten Backzeit)

1. Das Butterschmalz in einem Topf erhitzen. Den Honig darin verflüssigen. Die Mischung etwas abkühlen lassen und in einer Schüssel mit dem Mehl, den Eiern, 1 Prise Salz, den gemahlenen Mandeln, dem Zitronat, dem Orangeat und dem Lebkuchengewürz zu einem festen Teig verarbeiten. Den Teig zugedeckt bei Zimmertemperatur mindestens 2 Tage ruhen lassen.

2. Das Backblech fetten. Die Pottasche und das Hirschhornsalz jeweils mit 1 Eßlöffel Wasser verrühren und gründlich in den Teig einarbeiten. Den Teig auf der bemehlten Arbeitsfläche etwa 7 mm dick ausrollen. Mit einer Ausstechform Herzen ausstechen und auf das Backblech setzen.

3. Den Backofen auf 200° vorheizen. Das Eigelb mit einer halben Tasse Wasser verrühren und die Herzen damit bestreichen. Jedes Herz mit Kirschen und Mandeln dekorieren. Die Herzen im Backofen (Mitte, Gas Stufe 3) in 15–20 Minuten backen, bis sie leicht gebräunt sind.

Pflastersteine

Zutaten für etwa 70 Stück:
50 g Butterschmalz
100 g Zucker
250 g Honig
400 g Mehl
100 g Mandeln, gemahlen
1 Teel. Zimtpulver
1/2 Teel. gemahlene Muskatblüte
1/2 Teel. gemahlener Kardamom
Salz
1 Teel. abgeriebene Schale einer unbehandelten Zitrone
3 Eßl. Rum
1 Teel. Hirschhornsalz
Für die Glasur:
350 g Zucker
Für das Backblech: Backpapier

Braucht etwas Zeit

Bei 70 Stück pro Stück etwa:
311 kJ/74 kcal
1 g Eiweiß · 2 g Fett
14 g Kohlenhydrate

- Ruhezeit: mindestens 48 Stunden
- Zubereitungszeit: etwa 2 Stunden (davon 12 Minuten Backzeit)

1. Das Butterschmalz in einem Topf erhitzen. Den Zucker mit dem Honig und 5–6 Eßlöffel Wasser darin verflüssigen. Etwas abkühlen lassen und in einer Schüssel mit dem Mehl, den Mandeln, dem Zimtpulver, der Muskatblüte, dem Kardamom, 1 Prise Salz, der Zitronenschale und dem Rum zu einem festen Teig verarbeiten. Den Teig zugedeckt bei Zimmertemperatur mindestens 2 Tage ruhen lassen.

2. Das Backblech mit Backpapier belegen. Den Backofen auf 180° vorheizen. Das Hirschhornsalz mit 1 Eßlöffel Wasser verrühren und gründlich in den Teig einarbeiten. Den Teig zu einer Rolle von etwa 3 cm Durchmesser formen und in etwa 1 cm dicke Scheiben schneiden. Auf das Blech setzen und im Ofen (Mitte, Gas Stufe 3) in 15–20 Minuten backen.

3. Für die Glasur den Zucker in 1/8 l kochendem Wasser auflösen. Die Pflastersteine aus dem Ofen nehmen und noch heiß mit der Zuckerlösung bestreichen.

Im Bild oben: Honigkuchenherzen
Im Bild unten: Pflastersteine

Hexenhäuschen

Zutaten für 1 Häuschen:
Für den Teig:
50 g Butterschmalz
300 g Honig
300 g Rübensirup
300 g Roggenmehl
400 g Mehl
30 g Lebkuchengewürz (siehe Seite 6)
Salz
1 Teel. Pottasche
2 Teel. Hirschhornsalz
Zum Dekorieren:
3 Eiweiß
100 g Zucker
2 Eßl. Zitronensaft
250 g Puderzucker
80 g Schokoladenkuvertüre, halbbitter
Bonbons, Plätzchen, Mandeln und Nüsse nach Belieben
Für die Schablone: Pappe
Für das Backblech: Butterschmalz
Für die Arbeitsfläche: Mehl

Braucht etwas Zeit

Pro Häuschen etwa:
27000 kJ/6400 kcal
64 g Eiweiß · 81 g Fett
1400 g Kohlenhydrate

- Ruhezeit: mindestens 48 Stunden
- Zubereitungszeit: etwa 8 Stunden (davon 20 Minuten Backzeit)

1. Das Butterschmalz in einem Topf erhitzen. Den Honig und den Rübensirup darin verflüssigen. 1/8 l Wasser einrühren, die Mischung etwas abkühlen lassen und in einer Schüssel mit den beiden Mehlsorten, dem Lebkuchengewürz und 1 kräftigen Prise Salz zu einem festen Teig verarbeiten. Den Teig zugedeckt bei Zimmertemperatur mindestens 2 Tage ruhen lassen.

2. In der Zwischenzeit aus Pappe eine Schablone anfertigen. Für das Dach ein Rechteck von etwa 19 x 15 cm, für die Vorder- und die Rückseite ein gleichschenkliges Dreieck mit einer Seitenlänge von etwa 19 cm schneiden. Für die Bodenplatte können Sie einen Teller mit einem Durchmesser von etwa 25 cm als Schablone verwenden.

3. Das Backblech fetten und den Backofen auf 200° vorheizen. Die Pottasche und das Hirschhornsalz jeweils mit 1 Eßlöffel Wasser verrühren und gründlich in den Teig einarbeiten. Auf der bemehlten Arbeitsfläche ein Drittel des Teigs etwa 8 mm dick ausrollen. Den Kreis für die Bodenplatte ausschneiden. Den restlichen Teig ebenfalls etwa 8 mm dick ausrollen.

4. Beide Teigstücke nacheinander auf das Blech geben. Mit einer Gabel mehrmals einstechen. Den Teig im Backofen (Mitte, Gas Stufe 3) in etwa 20 Minuten backen. Aus dem Ofen nehmen und sofort mit kaltem Wasser bepinseln, damit der Lebkuchen glänzt.

5. Mit Hilfe der Schablone aus dem Kuchen jeweils zwei Dach- und zwei Seitenteile mit einem scharfen Messer ausschneiden. Aus den Kuchenresten für die Vorderfront eine Tür und ein Fenster sowie einen Schornstein und eventuell ein paar Bäumchen schneiden.

6. Die Eiweiße steif schlagen, dabei den Zucker einrieseln lassen. Den Zitronensaft dazugeben und 200 g Puderzucker einrühren. Die Masse in einen Spritzbeutel mit einer Lochtülle von etwa 7 mm Durchmesser geben. Den Eischnee auf die Kanten der Hausteile spritzen und das Häuschen damit zusammenkleben. Etwa 20 Minuten trocknen lassen.

7. Mit dem restlichen Eischnee die Giebelspitze dekorieren und die Dachkanten mit »Eiszapfen« versehen. Eine Metallschüssel in einen Topf mit wenig heißem, aber nicht siedendem Wasser stellen. Die Kuvertüre in die Schüssel bröckeln und im Wasserbad schmelzen. Mit der flüssigen Kuvertüre nach Belieben Bonbons, Plätzchen, Mandeln und Nüsse am Dach und an den Wänden ankleben.

8. Zum Schluß das Hexenhäuschen mit dem restlichen Puderzucker bestäuben.

Beim Dekorieren des Hexenhäuschens sind Ihrer Phantasie keine Grenzen gesetzt.

Dominosteine

Zutaten für etwa 60 Stück:
Für den Teig:
25 g Butterschmalz
125 g Zucker
125 g Honig
200 g Mehl
150 g Roggenmehl
Salz
15 g Lebkuchengewürz (siehe Seite 6)
50 g Mandeln, gemahlen
50 g Zitronat
1/2 Teel. Hirschhornsalz
Für die Füllung:
3 Blatt Gelatine
300 g Kirschmarmelade
100 g Puderzucker
200 g Marzipanrohmasse
Für die Glasur:
300 g Schokoladenkuvertüre, halbbitter
Für das Backblech:
Butterschmalz
Für die Arbeitsfläche:
Mehl
Klarsichtfolie

Spezialität aus Dresden

Bei 60 Stück pro Stück etwa:
440 kJ/100 kcal
1 g Eiweiß · 4 g Fett
18 g Kohlenhydrate

- Ruhezeit: mindestens 48 Stunden
- Zubereitungszeit: etwa 3 1/2 Stunden (davon 20 Minuten Backzeit)

1. Das Butterschmalz in einem Topf erhitzen. Den Zucker und den Honig darin verflüssigen. Die Mischung etwas abkühlen lassen.

2. Die Honigmischung in einer Schüssel mit den beiden Mehlsorten, 1 kräftigen Prise Salz, dem Lebkuchengewürz, den Mandeln, dem Zitronat und 5 Eßlöffeln Wasser zu einem festen Teig verarbeiten. Den Teig zugedeckt bei Zimmertemperatur mindestens 2 Tage ruhen lassen.

3. Das Hirschhornsalz mit 1 Eßlöffel Wasser verrühren und gründlich in den Teig einarbeiten. Das Backblech fetten und den Backofen auf 200° vorheizen.

4. Den Teig zu einer etwa 1 cm dicken Platte ausrollen, auf das Backblech legen und mit einer Gabel mehrmals einstechen. Im Ofen (Mitte, Gas Stufe 3) in etwa 20 Minuten backen, bis die Oberfläche gebräunt ist.

5. Für die Füllung die Gelatine in kaltem Wasser einweichen. Die Marmelade bei schwacher Hitze unter gelegentlichem Rühren aufkochen lassen. Den Topf von der Herdplatte nehmen. Die Gelatine abtropfen lassen, ausdrücken und in die heiße Marmelade rühren.

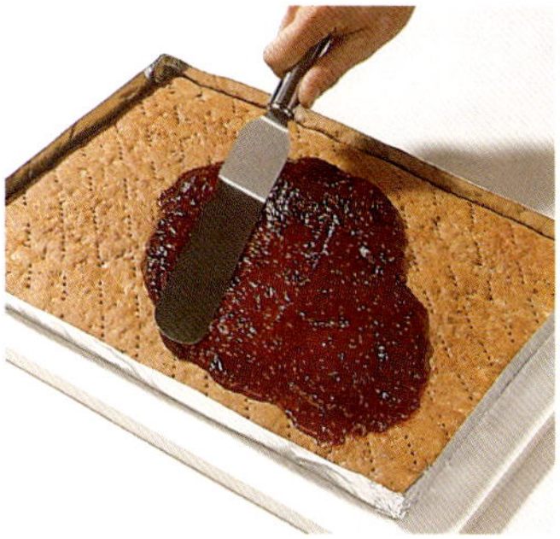

6. Die Alufolie um die Lebkuchenplatte zu einem Rahmen falten, der etwa 1 cm höher als der Kuchen ist. Die Marmelade gleichmäßig auf dem Kuchen verteilen und im Kühlschrank fest werden lassen.

7. Den Puderzucker durch ein Sieb streichen und mit der Marzipanrohmasse verkneten. Die Marzipanmasse zwischen zwei Klarsichtfolien auf die Größe der Lebkuchenplatte ausrollen und auf die Marmeladenschicht legen.

8. Von der Lebkuchenplatte die Alufolie entfernen. Den Kuchen in etwa 3 x 3 cm große Würfel schneiden. Eine Metallschüssel in einen Topf mit wenig heißem, aber nicht siedendem Wasser stellen. Die Kuvertüre in die Schüssel bröckeln, im Wasserbad schmelzen und die Würfel damit überziehen.

Variante:
Aus dem Lebkuchenteig können Sie auch große Herzen, Glocken, Lebkuchenmenschen und andere Figuren anfertigen. Schneiden Sie sich aus Pappe die entsprechende Schablone. Legen Sie sie auf die Kuchenplatte und fahren Sie mit einem scharfen Messer am Papprand entlang. Aus 2 Eiweißen, 200 g gesiebtem Puderzucker und 1 Teelöffel Zitronensaft rühren Sie einen Spritzguß, den Sie nach Belieben mit Lebensmittelfarbe einfärben. Die Figuren mit dem Guß, Mandeln, Nüssen und kandierten Früchten dekorieren.

Tip!

Honigkuchengebäck lagern Sie am besten in Blechdosen oder Kunststoffbehältern, die gut schließen, aber nicht absolut luftdicht sind.

Elisen-lebkuchen

Zutaten für etwa 80 Stück:
Für den Teig:
6 Eiweiß
250 g Zucker
200 g Marzipanrohmasse
35 g Orangeat
20 g Zitronat
100 g Mandeln, gemahlen
60 g Mehl
1 Teel. Kakaopulver
Salz
15 g Lebkuchengewürz (siehe Seite 6)
80 Oblaten von 50 mm Ø
Für die Glasur: 200 g Schokoladen-kuvertüre, halbbitter
Für das Backblech: Backpapier

Gelingt leicht

Bei 80 Stück pro Stück etwa:
200 kJ/48 kcal
1 g Eiweiß · 3 g Fett
7 g Kohlenhydrate

- Zubereitungszeit: etwa 2 Stunden (davon 20 Minuten Backzeit)

1. Die Eiweiße, den Zucker und die Marzipanrohmasse in einem Topf unter ständigem Rühren erwärmen. Den Topf von der Herdplatte nehmen und etwas abkühlen lassen.

2. Das Orangeat und das Zitronat sehr fein hacken. Die Mandeln in einer trockenen Pfanne hellbraun rösten. Das Mehl und das Kakaopulver in eine Schüssel sieben. Die Eiweißmasse, das Orangeat, das Zitronat, die Mandeln, 1 kräftige Prise Salz und das Lebkuchengewürz einrühren.

3. Den Backofen auf 170° vorheizen. Das Backblech mit dem Backpapier belegen. Den Teig mit einem Messer auf die Oblaten streichen. Die Oblaten auf das Blech setzen. Im Ofen (Mitte, Gas Stufe 2) in etwa 20 Minuten backen.

4. Die Lebkuchen aus dem Ofen nehmen und erkalten lassen. Eine Metallschüssel in einen Topf mit wenig heißem, aber nicht siedendem Wasser stellen. Die Kuvertüre in die Schüssel bröckeln und im Wasserbad schmelzen. Die Lebkuchen mit der flüssigen Kuvertüre überziehen.

Aachener Printen

Zutaten für etwa 30 Stück:
250 g Honig
2 Eßl. Zucker
250 g Mehl
Salz
1/2 Teel. Zimtpulver
1 Teel. Anispulver
1/2 Teel. Nelkenpulver
1/4 Teel. Muskatnuß, frisch gerieben
50 g Orangeat, fein gehackt
1 Teel. Pottasche
50 g dunkler Kandiszucker, gestoßen
Für die Glasur: 300 g Schokoladen-kuvertüre, halbbitter
Für das Backblech: Backpapier
Für die Arbeitsfläche: Mehl

Raffiniert

Bei 30 Stück pro Stück etwa:
510 kJ/120 kcal
1 g Eiweiß · 4 g Fett
22 g Kohlenhydrate

- Ruhezeit: mindestens 48 Stunden
- Zubereitungszeit: etwa 2 1/2 Stunden (davon 15 Minuten Backzeit)

1. Den Honig und den Zucker in einem Topf bei schwacher Hitze verflüssigen und etwas abkühlen lassen. Das Mehl mit der Honigmasse, 1 Prise Salz, dem Zimt-, dem Anis- und dem Nelkenpulver, dem Muskat und dem Orangeat zu einem festen Teig verarbeiten. Den Teig zugedeckt bei Zimmertemperatur mindestens 2 Tage ruhen lassen.

2. Die Pottasche mit 1 Eßlöffel Wasser verrühren und gründlich in den Teig einarbeiten. Den Backofen auf 200° vorheizen. Das Backblech mit Backpapier belegen.

3. Den Teig auf der bemehlten Arbeitsfläche zu einer Platte von etwa 30 x 30 cm ausrollen und mit dem Kandiszucker bestreuen. Den Teig in etwa 10 x 3 cm große Rechtecke schneiden und auf das Backblech legen.

4. Im Ofen (Mitte, Gas Stufe 3) in etwa 12 Minuten backen. Herausnehmen und abkühlen lassen. Die Kuvertüre im Wasserbad schmelzen und die Printen damit überziehen.

Im Bild oben: Elisenlebkuchen
Im Bild unten: Aachener Printen

St. Gallener Biberle

Zutaten für etwa 40 Stück:
Für den Teig:
250 g Honig
50 g Zucker
150 g Mehl
100 g Roggenmehl
Salz
1 Teel. Zimtpulver
1 Teel. gemahlener Koriander
1/2 Teel. Muskatnuß, frisch gerieben
3/4 Teel. gemahlener Sternanis
1/4 Teel. Ingwerpulver
1 Teel. Natron
Für die Füllung:
400 g Marzipanrohmasse
100 g Puderzucker
1/2 Teel. Zitronensaft
1 Teel. abgeriebene Schale einer unbehandelten Zitrone
Für die Glasur:
1 Eßl. Speisestärke
Für das Backblech: Backpapier
Für die Arbeitsfläche: Mehl

Raffiniert

Bei 40 Stück pro Stück etwa:
430 kJ/100 kcal
1 g Eiweiß · 3 g Fett
19 g Kohlenhydrate

- Ruhezeit: mindestens 48 Stunden
- Zubereitungszeit: etwa 2 Stunden (davon 18 Minuten Backzeit)

1. Den Honig und den Zucker erhitzen und etwas abkühlen lassen. Mit den beiden Mehlsorten, 1 Prise Salz, dem Zimt, dem Koriander, dem Muskat, dem Sternanis und dem Ingwer verkneten. Zuletzt das Natron einarbeiten. Den Teig zugedeckt bei Zimmertemperatur mindestens 2 Tage ruhen lassen.

2. Die Marzipanrohmasse mit dem Puderzucker, dem Zitronensaft und der -schale verkneten. Das Backblech mit Backpapier belegen und den Backofen auf 180° vorheizen.

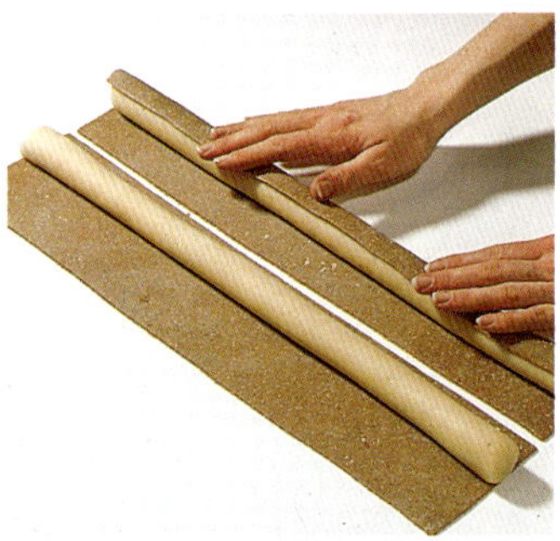

3. Den Teig auf der bemehlten Arbeitsfläche in zwei etwa 45 x 10 cm lange Streifen ausrollen. Die Marzipanmasse in zwei Rollen in Länge der Teigstreifen formen. Die Marzipanrollen jeweils mit einem Teigstreifen umhüllen. Die Teigrollen trapezförmig in gleich große Stücke schneiden.

4. Die Biberle auf das Backblech setzen und im Ofen (Mitte, Gas Stufe 2) in 15–18 Minuten backen. Die Speisestärke in einer trockenen Pfanne goldgelb rösten, mit 200 ml heißem Wasser ablöschen und aufkochen lassen. Die Biberle noch heiß mit der Glasur bestreichen und auf einem Kuchengitter auskühlen lassen.

Liegnitzer Bömbchen

Zutaten für etwa 70 Stück:
Für den Teig:
250 g Honig
125 g Zucker
350 g Mehl
150 g Mandeln, gemahlen
60 g Zitronat
15 g Lebkuchengewürz (siehe Seite 6)
Salz
2 Teel. Natron
Für die Füllung:
200 g Marzipanrohmasse
250 g Johannisbeerkonfitüre
100 g Mandeln, gehackt
50 g Zitronat
100 g Korinthen
70 Oblaten von 50 mm Ø
Für die Glasur:
300 g Schokoladenkuvertüre, halbbitter
Für das Backblech: Backpapier
Für die Arbeitsfläche: Mehl

Spezialität aus Schlesien

Bei 70 Stück pro Stück etwa:
460 kJ/110 kcal
2 g Eiweiß · 5 g Fett
17 g Kohlenhydrate

- Ruhezeit: mindestens 48 Stunden
- Zubereitungszeit: etwa 2 3/4 Stunden (davon 25 Minuten Backzeit)

1. Den Honig und den Zucker in einem Topf bei schwacher Hitze verflüssigen. Etwas abkühlen lassen und mit dem Mehl, den Mandeln, dem Zitronat, dem Lebkuchengewürz und 1 Prise Salz verkneten. Zuletzt das Natron einarbeiten. Den Teig zugedeckt bei Zimmertemperatur mindestens 2 Tage ruhen lassen.

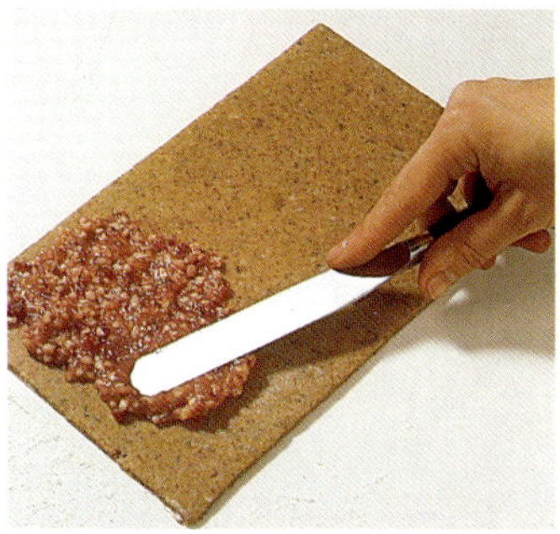

2. Die Marzipanrohmasse mit der Konfitüre verrühren. Die Mandeln und das Zitronat dazugeben. Das Backblech mit dem Backpapier belegen. Den Backofen auf 190° vorheizen. Den Teig auf der bemehlten Arbeitsfläche etwa 5 mm dick ausrollen und in etwa 15 cm breite Streifen schneiden. Mit der Füllung bestreichen.

3. Die Korinthen waschen, trockentupfen und auf die Füllung streuen. Die Teigstreifen fest aufrollen. Auf die Nahtstellen legen und in etwa 1 1/2 cm dicke Scheiben schneiden. Die Oblaten auf dem Backblech verteilen und die Scheiben darauf setzen. Im Backofen (Mitte, Gas Stufe 3) in etwa 25 Minuten backen.

4. Die Bömbchen erkalten lassen. Eine Metallschüssel in einen Topf mit wenig heißem, aber nicht siedendem Wasser stellen. Die Kuvertüre in die Schüssel bröckeln und im Wasserbad schmelzen. Die Bömbchen mit der flüssigen Kuvertüre überziehen und auf einem Kuchengitter trocknen lassen.

Nougat-Marzipan-Makronen

Zutaten für etwa 20 Stück:
200 g Marzipanrohmasse
2 Eiweiß
200 g Zucker
1 Teel. abgeriebene Schale von einer unbehandelten Zitrone
Für die Füllung: 100 g Nougat
Für das Backblech: Backpapier

Schnell

Bei 20 Stück pro Stück etwa:
460 kJ/110 kcal
1 g Eiweiß · 4 g Fett
18 g Kohlenhydrate

- Zubereitungszeit: etwa 1 1/4 Stunden (davon 15 Minuten Backzeit)

1. Die Marzipanrohmasse in kleine Stücke schneiden. Die Eiweiße mit dem Zucker, der Marzipanrohmasse und der Zitronenschale verrühren.

2. Das Backblech mit dem Backpapier belegen und den Backofen auf 180° vorheizen. Den Teig in einen Spritzbeutel mit Lochtülle füllen. Etwa 40 Plätzchen von etwa 3 cm Durchmesser auf das Papier spritzen. Im Backofen (Mitte, Gas Stufe 2) in 12–15 Minuten backen, bis sie hellbraun sind. Die Plätzchen erkalten lassen.

3. Eine Metallschüssel in einen Topf mit wenig heißem, aber nicht siedendem Wasser stellen. Den Nougat kleinschneiden und in die Schüssel geben. Im Wasserbad cremig rühren. In einen Spritzbeutel füllen. Jeweils auf ein Plätzchen einen Klecks Nougat spritzen, ein zweites Plätzchen daraufsetzen und die Creme erstarren lassen.

4. Lagern Sie die fertigen Makronen in einer gut schließenden Blechdose.

Ingwerplätzchen

Zutaten für etwa 60 Stück:
Für den Teig:
200 g Mehl
150 g Zucker
Salz
1 Teel. Ingwerpulver
1/2 Teel. Zimtpulver
200 g Butter
100 g Marzipanrohmasse
Zum Dekorieren:
150 g Ingwer, eingelegt
1 Eigelb
Für das Backblech: Butterschmalz
Für die Arbeitsfläche: Mehl

Gelingt leicht

Bei 60 Stück pro Stück etwa:
230 kJ/55 kcal
1 g Eiweiß · 3 g Fett
6 g Kohlenhydrate

- Ruhezeit: 1 Stunde
- Zubereitungszeit: etwa 1 1/2 Stunden (davon 15 Minuten Backzeit)

1. Das Mehl, den Zucker, 1 Prise Salz, das Ingwer- und das Zimtpulver auf die Arbeitsfläche häufeln. Die Butter und die Marzipanrohmasse kleinschneiden und darauf verteilen. Alles rasch zu einem glatten Teig verkneten. Den Teig zugedeckt etwa 1 Stunde kühl stellen.

2. Das Backblech fetten. Den Teig auf der bemehlten Arbeitsfläche etwa 4 mm dick ausrollen. Mit einem Glas oder einer runden Ausstechform von etwa 5 cm Durchmesser Plätzchen ausstechen und auf das Blech legen. Den Backofen auf 180° vorheizen.

3. Den eingelegten Ingwer abtropfen lassen, mit Küchenpapier trockentupfen und in kleine Würfel schneiden. Das Eigelb mit einer halben Tasse Wasser verrühren und die Plätzchen damit bestreichen. Den Ingwer auf die Plätzchen geben und leicht andrücken.

4. Im Backofen (Mitte, Gas Stufe 2) in 12–15 Minuten goldgelb backen. Lagern Sie die fertigen Plätzchen in einem Karton, der mit ein paar Luftlöchern versehen ist.

Im Bild oben: Nougat-Marzipan-Makronen
Im Bild unten: Ingwerplätzchen

Anisplätzchen

Typisch für dieses Gebäck sind der Sockel und das Schaumkäppchen.

Zutaten für etwa 50 Stück:
- *2 Eier*
- *100 g Zucker*
- *Salz*
- *80 g Mehl*
- *2 Eßl. Speisestärke*
- *1 Teel. Anispulver*
- *Für das Backblech: Backpapier*

Preiswert

Bei 50 Stück pro Stück etwa:
75 kJ/18 kcal
1 g Eiweiß · 1 g Fett
4 g Kohlenhydrate

- Zubereitungszeit: etwa 1 1/4 Stunden (davon 30 Minuten Backzeit)
- Trockenzeit: 12 Stunden

1. Das Backblech mit Backpapier belegen. Eine Metallschüssel in einen Topf mit wenig heißem Wasser stellen. Die Eier mit dem Zucker und 1 Prise Salz darin schaumig schlagen. Die Schüssel aus dem Wasserbad nehmen und die Eier weiterschlagen, bis eine dicke Creme entstanden ist.

2. Das Mehl, die Speisestärke und das Anispulver über die Creme sieben und vorsichtig mit einem Löffel unterheben. 1 Eßlöffel Wasser dazugeben.

3. Die Masse in einen Spritzbeutel mit Lochtülle füllen und Plätzchen von etwa 2 1/2 cm Durchmesser auf das Backblech spritzen. Die Plätzchen bei Zimmertemperatur etwa 12 Stunden trocknen lassen, bis sich eine zarte Kruste gebildet hat.

4. Den Backofen auf 140° vorheizen und die Plätzchen in etwa 30 Minuten (Mitte, Gas Stufe 1) fertig backen.

Varianten:
Statt des Anispulvers können Sie zur Abwechslung auch 1 Eßlöffel Kakao- oder Ingwerpulver verwenden.

Kokosmakronen

Zutaten für etwa 60 Stück:
- *500 g Zucker*
- *1 Päckchen Vanillinzucker*
- *250 g Kokosraspel*
- *30 g Mehl*
- *7 Eiweiß*
- *Für das Backblech: Backpapier*

Schnell

Bei 60 Stück pro Stück etwa:
260 kJ/62 kcal
1 g Eiweiß · 3 g Fett
9 g Kohlenhydrate

- Zubereitungszeit: etwa 1 Stunde 10 Minuten

1. Den Zucker, den Vanillinzucker, die Kokosraspel, das Mehl und die Eiweiße in einem weiten Topf vermischen.

2. Die Masse bei schwacher Hitze unter Rühren erwärmen, bis sie sich leicht vom Topfrand löst. Von der Herdplatte nehmen und etwas abkühlen lassen.

3. Das Backblech mit Backpapier belegen. Den Backofen auf 170° vorheizen.

4. Die Kokosmasse in einen Spritzbeutel mit Sterntülle geben und kleine Häufchen auf das Blech spritzen. Die Makronen im Backofen (Mitte, Gas Stufe 1) in 15–18 Minuten goldgelb backen.

Bild oben: Anisplätzchen
Bild unten: Kokosmakronen

Zimtsterne

Zutaten für etwa 40 Stück:
3 Eiweiß
200 g Puderzucker
1 Päckchen Vanillinzucker
400 g Mandeln, gemahlen
2 Teel. Zimtpulver
Für das Backblech: Backpapier

Berühmtes Rezept

Bei 40 Stück pro Stück etwa:
340 kJ/81 kcal
2 g Eiweiß · 5 g Fett
6 g Kohlenhydrate

- Zubereitungszeit: etwa 1 3/4 Stunden (davon 25 Minuten Backzeit)

1. Die Eiweiße steif schlagen, dabei den Puderzucker und den Vanillinzucker nach und nach dazugeben. Etwa 1 Tasse von dem Eischnee abnehmen und kühl stellen. Unter den restlichen Eischnee 300 g Mandeln und das Zimtpulver heben. Den Teig zugedeckt etwa 30 Minuten kühl stellen.

2. Das Backblech mit Backpapier belegen. Den Backofen auf 150° vorheizen. Die Arbeitsfläche mit den restlichen Mandeln bestreuen und den Teig darauf etwa 7 mm dick ausrollen.

3. Die Teigplatte dünn mit dem restlichen Eischnee bestreichen. Einen Sternausstecher in kaltes Wasser tauchen, einen Stern damit ausstechen und auf das Backblech setzen. So fortfahren, bis der ganze Teig verbraucht ist.

4. Die Zimtsterne im Backofen (Mitte, Gas Stufe 1) in etwa 25 Minuten backen. Die fertigen Zimtsterne bewahren Sie am besten in einer gut schließenden Blechdose auf.

Spekulatius

Dieses traditionelle Gebäck ist weit über Holland hinaus beliebt.

Zutaten für etwa 50 Stück:
450 g Mehl
250 g Zucker
50 g Mandeln, gemahlen
1 Teel. Zimtpulver
1 Teel. Muskatnuß, frisch gerieben
Salz
60 g kalte Butter
1 Ei
5 Tropfen Bittermandelaroma
4–5 Eßl. Milch
Für das Backblech:
Butterschmalz
150 g Mandeln, gehobelt
Küchengarn

Spezialität aus Holland

Bei 50 Stück pro Stück etwa:
360 kJ/86 kcal
2 g Eiweiß · 3 g Fett
13 g Kohlenhydrate

- Ruhezeit: 1 Stunde
- Zubereitungszeit: etwa 1 1/2 Stunden (davon 15 Minuten Backzeit)

Tip!

Sie können den Teig auch mit einer Spekulatiusrolle ausstechen. Oder Sie verwenden die üblichen Ausstechformen und drücken anschließend mit einem Stäbchen Linien in die Oberfläche. Dafür den Teig etwa 5 mm dick ausrollen.

1. Das Mehl, den Zucker, die Mandeln, den Zimt, den Muskat und 1 Prise Salz in eine Schüssel geben. Die Butter kleinschneiden und darauf verteilen. Das Ei, das Mandelaroma und die Milch hinzufügen. Alles zu einem glatten Teig verkneten und zugedeckt etwa 1 Stunde kühl stellen.

2. Das Backblech leicht fetten und mit den gehobelten Mandeln bestreuen. Den Backofen auf 180° vorheizen.

3. Den Teig portionsweise auf einen Spekulatiusmodel drücken und ein Stück Küchengarn zwischen Holz und Teig durchziehen. Den Teig aus der Form auf das Blech klopfen. Auf diese Weise den gesamten Teig verarbeiten.

4. Die Spekulatius im Backofen (Mitte, Gas Stufe 2) in etwa 15 Minuten goldgelb backen. Die abgekühlten Spekulatius lagern Sie am besten in einem Karton, der mit ein paar Luftlöchern versehen ist.

Muskatzonen

Zutaten für etwa 50 Stück:
250 g Mehl
125 g Zucker
200 g Haselnüsse, gemahlen
Salz
Muskatnuß, frisch gerieben
Zimtpulver
Nelkenpulver
125 g kalte Butter
1 Ei
Zum Dekorieren:
1 Eigelb
150 Mandelhälften
Für das Backblech: Butterschmalz
Für die Arbeitsfläche: Mehl

Gelingt leicht

Bei 50 Stück pro Stück etwa:
340 kJ/81 kcal
1 g Eiweiß · 5 g Fett
7 g Kohlenhydrate

- Ruhezeit: 1 Stunde
- Zubereitungszeit: etwa 1 1/2 Stunden (davon 15 Minuten Backzeit)

1. Das Mehl, den Zucker, die Haselnüsse sowie je 1 Prise Salz, Muskatnuß, Zimt- und Nelkenpulver auf die Arbeitsfläche häufeln. Die Butter kleinschneiden und darauf verteilen. Eine Mulde in den Haufen drücken und das Ei hineingeben. Alles zu einem glatten Teig verkneten und zugedeckt etwa 1 Stunde kühl stellen.

2. Das Backblech fetten. Den Teig auf der bemehlten Arbeitsfläche etwa 5 mm dick ausrollen. Mit einem Glas oder einer Ausstechform Kreise von etwa 4 cm Durchmesser ausstechen, halbieren und auf das Backblech legen. Den Backofen auf 180° vorheizen.

3. Das Eigelb mit einer halben Tasse Wasser verrühren. Die Muskatzonen damit bestreichen und mit den Mandelhälften dekorieren.

4. Im Backofen (Mitte, Gas Stufe 2) in 12–15 Minuten goldgelb backen.

Tuttifrutti-plätzchen

Zutaten für etwa 60 Stück:
300 g Mehl
100 g Zucker
1 Päckchen Vanillinzucker
abgeriebene Schale von 1/2 unbe-
handelten Zitrone
Salz
200 g kalte Butter
1 Ei
1 Eßl. rote kandierte Kirschen
1 Eßl. Orangeat
1 Eßl. Zitronat
2 Eßl. Krokant
1 Eigelb
Für das Backblech: Butterschmalz
Für die Arbeitsfläche: Mehl

Gelingt leicht

Bei 60 Stück pro Stück etwa:
240 kJ/57 kcal
1 g Eiweiß · 3 g Fett
7 g Kohlenhydrate

- Ruhezeit: 1 Stunde
- Zubereitungszeit: etwa 1 Stunde (davon 12 Minuten Backzeit)

1. Das Mehl, den Zucker, den Vanillinzucker, die Zitronenschale und 1 Prise Salz auf die Arbeitsfläche häufeln. Die Butter kleinschneiden und darauf verteilen. Eine Mulde in den Haufen drücken und das Ei hineingeben. Alles zu einem glatten Teig verkneten.

2. Die Kirschen klein hacken und mit dem Orangeat, dem Zitronat und dem Krokant in den Teig einarbeiten. Den Teig zugedeckt etwa 1 Stunde kühl stellen.

3. Das Backblech fetten. Den Backofen auf 180° vorheizen. Den Teig auf der bemehlten Arbeitsfläche etwa 5 mm dick ausrollen und in Rauten von etwa 2 cm Kantenlänge schneiden. Auf das Backblech setzen.

4. Das Eigelb mit einer halben Tasse Wasser verrühren. Die Plätzchen damit bestreichen. Im Backofen (Mitte, Gas Stufe 2) in etwa 12 Minuten goldgelb backen.

Im Bild oben: Muskatzonen
Im Bild unten: Tuttifruttiplätzchen

Schoko-schmätzchen

Zutaten für etwa 40 Stück:
Für den Teig:
150 g Puderzucker
3 Teel. Kakaopulver
4 Eiweiß
150 g Zucker
1 Päckchen Vanillinzucker
Zum Dekorieren:
100 g Schokoladenkuvertüre, halbbitter
bunte Zuckerstreusel
Für das Backblech: Backpapier

Bei 40 Stück pro Stück etwa:
190 kJ/45 kcal
1 g Eiweiß · 1 g Fett
9 g Kohlenhydrate

- Zubereitungszeit: etwa 3 Stunden 50 Minuten (davon 3 Stunden Backzeit)

1. Den Puderzucker und das Kakaopulver in einer Schüssel vermischen. Das Backpapier auf das Backblech legen.

2. Die Eiweiße steif schlagen, dabei den Zucker und den Vanillinzucker einrieseln lassen. Die Puderzuckermischung unterheben. Den Backofen auf 100° vorheizen.

3. Die Eischneemasse in einen Spritzbeutel mit Sterntülle füllen und Rosetten von etwa 2 1/2 cm Durchmesser auf das Backblech spritzen. Im Backofen (Mitte, Gas Stufe 1/2) in etwa 3 Stunden trocknen lassen. Dabei die Ofentür einen Spalt breit offen lassen, damit die Feuchtigkeit entweichen kann.

4. Eine Metallschüssel in einen Topf mit wenig heißem, aber nicht siedendem Wasser stellen. Die Kuvertüre in die Schüssel bröckeln und im Wasserbad schmelzen. Die Spitzen der Schokoschmätzchen in die flüssige Kuvertüre tauchen. Sofort die Zuckerstreusel darauf streuen.

Variante:
Statt des Kakaopulvers können Sie auch 5 Eßlöffel Zitronen- oder anderen Fruchtsaft zum Eischnee geben.

Sonnen-blumen-makronen

Zutaten für etwa 50 Stück:
600 g Sonnenblumenkerne
1 mittelgroße Möhre
230 g Zucker · 2 Eiweiß
2 Eßl. Mehl · 3 Eßl. Honig
50 Oblaten von 50 mm Ø

Schnell

Bei 50 Stück pro Stück etwa:
390 kJ/93 kcal
3 g Eiweiß · 6 g Fett
7 g Kohlenhydrate

- Zubereitungszeit: etwa 1 Stunde (davon 18 Minuten Backzeit)

1. 400 g Sonnenblumenkerne fein hacken. Die Möhre waschen, putzen und fein reiben. Beides mit dem Zucker, den Eiweißen, dem Mehl und dem Honig unter Rühren erwärmen, bis sich die Zutaten miteinander verbunden haben.

2. Die Oblaten auf dem Backblech verteilen. Den Teig in einen Spritzbeutel geben und auf die Oblaten spritzen oder mit Löffeln darauf setzen.

3. Den Backofen auf 190° vorheizen. Die Makronen mit den restlichen Sonnenblumenkernen dekorieren und im Backofen (Mitte, Gas Stufe 3) in etwa 18 Minuten backen.

Im Bild oben: Schokoschmätzchen
Im Bild unten: Sonnenblumenmakronen

Vanillekipferl

Zutaten für etwa 50 Stück:
200 g Mehl
80 g Zucker
2 Päckchen Vanillinzucker
50 g Mandeln, gemahlen
Salz
125 g kalte Butter
1 Ei
100 g Puderzucker
Für die Arbeitsfläche: Mehl
Für das Backblech: Backpapier

Gelingt leicht

Bei 50 Stück pro Stück etwa:
240 kJ/57 kcal
1 g Eiweiß · 3 g Fett
7 g Kohlenhydrate

- Ruhezeit: 1 Stunde
- Zubereitungszeit: etwa 1 1/2 Stunden (davon 15 Minuten Backzeit)

1. Das Mehl, den Zucker, den Vanillinzucker, die Mandeln und 1 Prise Salz auf die Arbeitsfläche häufeln. Die Butter kleinschneiden und darauf verteilen. Eine Mulde in den Haufen drücken und das Ei hineingeben. Alles zu einem Teig verkneten und zugedeckt etwa 1 Stunde kühl stellen.

2. Das Backblech mit Backpapier belegen. Den Backofen auf 180° vorheizen.

3. Den Teig zu schmalen Rollen formen und in jeweils etwa 7 cm lange Stücke teilen. Die Teigstücke zu Hörnchen (»Kipferl«) biegen und auf das Backblech legen.

4. Die Kipferl im Backofen (Mitte, Gas Stufe 2) in etwa 15 Minuten goldbraun backen. Noch heiß mit dem Puderzucker bestreuen. Die abgekühlten Kipferl können Sie gut in einem Karton lagern.

Haselnußbrot

Zutaten für etwa 50 Stück:
300 g Mehl
100 g Puderzucker
1 Päckchen Vanillinzucker
Salz
200 g kalte Butter
1 Ei
100 g Haselnüsse
Für die Glasur:
100 g Schokoladenkuvertüre, halbbitter
Für das Backblech:
Butterschmalz
Was Sie sonst noch brauchen: Backpapier

Gelingt leicht

Bei 50 Stück pro Stück etwa:
360 kJ/86 kcal
1 g Eiweiß · 5 g Fett
9 g Kohlenhydrate

- Ruhezeit: 1 Stunde
- Zubereitungszeit: etwa 1 Stunde (davon 12 Minuten Backzeit)

1. Das Mehl, den Puderzucker, den Vanillinzucker und 1 Prise Salz auf die Arbeitsfläche häufeln. Die Butter kleinschneiden und darauf verteilen. In den Haufen eine Mulde drücken und das Ei hineingeben. Alles zu einem glatten Teig verkneten. Zum Schluß die Haselnüsse einarbeiten. Den Teig zu einer etwa 40 cm langen Stange formen und zugedeckt etwa 1 Stunde kühl stellen.

2. Das Backblech leicht fetten. Den Backofen auf 180° vorheizen. Die Teigstange in etwa 8 mm dicke Scheiben schneiden. Die Scheiben auf das Backblech legen. Im Backofen (Mitte, Gas Stufe 2) in etwa 12 Minuten goldgelb backen. Das Haselnußbrot herausnehmen und abkühlen lassen.

3. Eine Metallschüssel in einen Topf mit wenig heißem, aber nicht siedendem Wasser stellen. Die Kuvertüre in die Schüssel bröckeln und im Wasserbad schmelzen. Die Brote bis zur Mitte in die flüssige Schokolade tauchen. Zum Trocknen auf Backpapier legen.

Im Bild oben: Vanillekipferl
Im Bild unten: Haselnußbrot

Grillierte Schoko-mandeln

Zutaten für etwa 600 g:
100 g Zucker
300 g Mandelkerne, ungeschält
150 g Schokoladenkuvertüre, halbbitter
2 Eßl. Kakaopulver
2 Eßl. Puderzucker

Gelingt leicht

Bei 600 g pro 100 g etwa:
2100 kJ/500 kcal
11 g Eiweiß · 35 g Fett
38 g Kohlenhydrate

- Zubereitungszeit: etwa 30 Minuten

1. Den Zucker mit 3 Eßlöffeln Wasser aufkochen lassen. Die Mandeln dazugeben und so lange umrühren, bis der Zucker karamelisiert. Die Mandeln zum Auskühlen auf Alufolie ausbreiten.

2. Eine Metallschüssel in einen weiten Topf mit wenig heißem, aber nicht siedendem Wasser stellen. Die Kuvertüre in die Schüssel bröckeln und im Wasserbad schmelzen. Die Schüssel aus dem Wasser nehmen. Die Mandeln so lange in der Schokolade verrühren, bis diese fest geworden ist.

3. Das Kakaopulver und den Puderzucker jeweils auf einen Teller geben. Die eine Hälfte der Mandeln in dem Kakaopulver wälzen, die andere Hälfte in dem Puderzucker.

Pistazien-halbmonde

Zutaten für etwa 50 Stück:
400 g Marzipanrohmasse
60 g Pistazien, gehackt
Für die Glasur: 200 g Schokoladenkuvertüre, halbbitter
Für die Arbeitsfläche: Puderzucker
Was Sie sonst noch brauchen: Backpapier

Gelingt leicht

Bei 50 Stück pro Stück etwa:
250 kJ/60 kcal
1 g Eiweiß · 4 g Fett
6 g Kohlenhydrate

- Zubereitungszeit: etwa 1 Stunde

1. Auf die Arbeitsfläche dünn Puderzucker sieben. Die Marzipanrohmasse darauf etwa 8 mm dick ausrollen. Die Pistazien auf die Marzipanplatte streuen und mit dem Teigroller eindrücken. Mit einer Ausstechform Halbmonde ausstechen.

2. Eine Metallschüssel in einen Topf mit wenig heißem, aber nicht siedendem Wasser stellen. Die Kuvertüre in die Schüssel bröckeln und im Wasserbad schmelzen. Die Halbmonde auf eine Gabel legen, in die flüssige Kuvertüre tauchen und auf Backpapier trocknen.

Gewürzherzen

Zutaten für etwa 25 Stück:
200 g Marzipanrohmasse
1 Teel. Lebkuchengewürz (siehe Seite 6)
Zum Dekorieren:
100 g Schokoladenkuvertüre, halbbitter
25 Mandelhälften
Was Sie sonst noch brauchen: Backpapier
Für die Arbeitsfläche: Puderzucker

Schnell

Bei 25 Stück pro Stück etwa:
270 kJ/64 kcal
1 g Eiweiß · 4 g Fett
6 g Kohlenhydrate

- Zubereitungszeit: etwa 1 Stunde

1. Die Marzipanrohmasse und das Lebkuchengewürz miteinander verkneten. Die Mandelhälften in einer trockenen Pfanne goldgelb rösten.

2. Auf die Arbeitsfläche Puderzucker sieben. Das Marzipan darauf etwa 5 mm dick ausrollen. Kleine Herzen ausstechen.

3. Die Kuvertüre im Wasserbad schmelzen. Die Herzen auf einer Gabel in die Kuvertüre tauchen, auf Backpapier legen und die Mandelhälften darauf setzen.

Im Bild oben: Gewürzherzen
Im Bild Mitte: Pistazienhalbmonde
Im Bild unten: Grillierte Schokomandeln

Früchte-krokant

Zutaten für etwa 60 Stück:
100 g rote kandierte Kirschen
150 g Zucker
1 Päckchen Vanillinzucker
70 g Butter
3 Eßl. Honig
60 g Marzipanrohmasse
Salz
3 Eßl. Zitronat
3 Eßl. Orangeat
80 g Haselnüsse, gehackt
100 g Mandeln, gehackt
20 g Pistazien, gehackt
Für die Glasur: 100 g Schokoladen-kuvertüre, Vollmilch
Was Sie sonst noch brauchen: Öl

Gelingt leicht

Bei 60 Stück pro Stück etwa:
270 kJ/64 kcal
1 g Eiweiß · 4 g Fett
6 g Kohlenhydrate

- Zubereitungszeit: etwa 1 Stunde

1. Die Kirschen fein hacken. Den Zucker und den Vanillinzucker in einem Topf bei schwacher Hitze schmelzen. Die Butter, den Honig, die Marzipanrohmasse und 1 Prise Salz unter Rühren dazugeben.

2. Die Kirschen, das Zitronat, das Orangeat, die Haselnüsse, die Mandeln und die Pistazien einrühren. Ein Stück Alufolie und den Teigroller mit Öl einfetten. Die Krokantmasse auf die Alufolie geben und etwa 1 cm dick ausrollen. Abkühlen lassen.

3. Eine Metallschüssel in einen Topf mit wenig heißem, aber nicht siedendem Wasser stellen. Die Kuvertüre in die Schüssel bröckeln und im Wasserbad schmelzen. Die Krokantplatte in kleine Quadrate schneiden. Die Stücke jeweils zur Hälfte in die Kuvertüre tauchen. Zum Trocknen auf Alufolie legen.

Sesamkonfekt

Zutaten für 1 Form von etwa 20 x 15 cm:
150 g Honig
150 g Zucker
1 Päckchen Vanillinzucker
Salz
100 g Walnüsse, gehackt
150 g Sesamsamen
Für die Form: Öl

Raffiniert

Bei 45 Stück pro Stück etwa:
250 kJ/60 kcal
1 g Eiweiß · 3 g Fett
7 g Kohlenhydrate

- Zubereitungszeit: etwa 3/4 Stunde
- Trockenzeit: 4 Stunden

1. Den Honig, den Zucker, den Vanillinzucker, 1 Prise Salz und 100 ml Wasser in einen Topf geben und bei schwacher Hitze etwa 10 Minuten kochen lassen.

2. Eine rechteckige Form mit Alufolie glatt auslegen. Die Folie dünn mit Öl bestreichen.

3. Die Walnüsse und den Sesamsamen in den Sirup rühren und bei schwacher Hitze etwa 5 Minuten mitkochen lassen. Dabei ständig rühren, damit die Masse nicht ansetzt.

4. Mit einem in Öl getauchten Löffel die Masse in die Form geben und glattstreichen. Die Schneide eines Wiegemessers einölen und damit die Bruchkanten für die einzelnen Stücke in das Konfekt drücken.

5. Das Konfekt mindestens 4 Stunden trocknen lassen. An den Einschnitten in Stücke brechen.

Im Bild oben: Sesamkonfekt
Im Bild unten: Früchtekrokant

Rumkugeln

Zutaten für etwa 50 Stück:
200 g Löffelbiskuit
1 Eßl. Marmelade
6 cl Rum
50 g weiche Butter
100 g zartbittere Schokolade
100 g Schokoladenstreusel

Gelingt leicht

Bei 50 Stück pro Stück etwa:
130 kJ/31 kcal
1 g Eiweiß · 2 g Fett
3 g Kohlenhydrate

- Zubereitungszeit: etwa 1 Stunde

1. Die Löffelbiskuits zerreiben oder im Blitzhacker fein mahlen. Die Marmelade mit dem Rum und der Butter in einer Schüssel verrühren. Die Biskuitbrösel untermischen.

2. Eine Metallschüssel in einen Topf mit siedendem Wasser stellen. 60 g Schokolade in die Schüssel bröckeln und im Wasserbad schmelzen. Die flüssige Schokolade unter die Biskuitmasse rühren.

3. Den Teig zu einer Rolle von etwa 2 cm Durchmesser formen und in etwa 50 gleich große Stücke schneiden. Jedes Stück zu einer Kugel formen.

4. Die Schokoladenstreusel auf einen Teller geben. Die restliche Schokolade in dem Wasserbad schmelzen. Jeweils etwa einen halben Teelöffel voll davon auf die Handfläche träufeln und die Kugeln mit beiden Händen jeweils damit einreiben.

5. Solange die Schokolade noch weich ist, die Rumkugeln in den Schokoladenstreuseln wälzen. Zum Trocknen auf ein Kuchengitter legen.

Varianten:
Wenn Sie auf den Alkohol bei den Rumkugeln verzichten möchten, nehmen Sie statt des Rums Fruchtsirup. Damit die Kugeln trotzdem nach Rum schmecken, geben Sie zu dem Teig einen halben Teelöffel Rumaroma.
Lustig sehen die Kugeln auch mit bunten Zuckerstreuseln aus.

Bethmännchen

Zutaten für etwa 40 Stück:
Für den Teig:
50 g Puderzucker
1 Eßl. Speisestärke
400 g Marzipanrohmasse
1 Ei
Zum Dekorieren:
1 Eigelb
120 Mandelhälften
Für das Backblech: Backpapier

Braucht etwas Zeit

Bei 40 Stück pro Stück etwa:
320 kJ/76 kcal
2 g Eiweiß · 5 g Fett
7 g Kohlenhydrate

- Trockenzeit: 8 Stunden
- Zubereitungszeit: etwa 1 1/4 Stunden (davon 20 Minuten Backzeit)

1. Den Puderzucker und die Speisestärke in eine Schüssel sieben und mit der Marzipanrohmasse und dem Ei zu einem glatten Teig verkneten.

2. Den Teig zu einer Rolle von etwa 1 1/2 cm Durchmesser formen. In etwa 40 gleich große Stücke schneiden. Jedes Stück zu einer Kugel formen.

3. Das Backblech mit Backpapier belegen. Das Eigelb mit einer halben Tasse Wasser verrühren. Die Marzipankugeln damit bestreichen. Je 3 halbe Mandeln an 1 Kugel drücken. Die Kugeln auf das Backblech setzen und etwa 8 Stunden trocknen lassen.

4. Den Backofen auf 150° vorheizen. Die Bethmännchen im Ofen (Mitte, Gas Stufe 1) in 15–20 Minuten backen, bis sie goldgelb sind.

Im Bild oben: Rumkugeln
Im Bild unten: Bethmännchen

Dresdner Christstollen

Zutaten für 1 Stollen:
500 g Sultaninen
50 ml Rum
540 g Mehl
100 ml Milch
2 Würfel Hefe (84 g)
90 g Zucker
250 g Butter
85 g Butterschmalz
30 g Marzipanrohmasse
Salz
50 g Zitronat
50 g Orangeat
120 g Mandeln, gehackt
1/2 Teel. gemahlene Mazisblüte
abgeriebene Schale von 1/2 unbehandelten Zitrone
1/2 Teel. Bittermandelaroma
1 Teel. Vanillearoma
Zum Dekorieren:
150 g Butter
80 g Zucker
125 g Puderzucker
Für das Backblech:
Pappe
Backpapier

Berühmtes Rezept

Bei 23 Stück pro Stück etwa:
1700 kJ/400 kcal
4 g Eiweiß · 25 g Fett
50 g Kohlenhydrate

- Einweichzeit: 12 Stunden
- Zubereitungszeit: etwa 3 1/2 Stunden (davon 1 Stunde 20 Minuten Ruhezeit und 50 Minuten Backzeit)

1. Die Sultaninen mit heißem Wasser waschen und abtropfen lassen. In eine Schüssel geben, mit dem Rum begießen und über Nacht einweichen.

2. Das Mehl in eine große Schüssel sieben. In die Mitte eine Mulde drücken. Die Milch lauwarm erhitzen. Die Hefe in die Mulde bröckeln und mit der Milch, 1 Prise Zucker und etwas Mehl vom Rand verrühren, bis sie sich aufgelöst hat. Den Vorteig zugedeckt an einem warmen Ort etwa 20 Minuten ruhen lassen, bis er sichtbar aufgegangen ist.

3. Die Butter, das Butterschmalz und die Marzipanrohmasse mit dem restlichen Zucker und 1 Prise Salz in die Schüssel geben. Alles mit den Knethaken des Handrührgeräts verrühren, bis der Teig Blasen wirft und sich vom Schüsselrand löst.

4. Die Sultaninen mit der Einweichflüssigkeit, dem Zitronat, dem Orangeat, den Mandeln, der Mazisblüte, der Zitronenschale und den Aromen in den Teig einarbeiten.

5. Den Teig zugedeckt etwa 1 Stunde an einem warmen Ort ruhen lassen. Den Backofen auf 220° vorheizen. Um zu vermeiden, daß der Stollen an der Unterseite zu dunkel wird, auf das Backblech Pappe und darauf Backpapier legen.

6. Den Teig noch einmal durchkneten. Einen Laib von etwa 40 cm Länge daraus formen. Mit dem Teigroller ein wenig flach rollen, in der Mitte etwas tiefer. Die eine Längsseite zur Mitte klappen. Den Stollen auf das Backblech setzen und im Ofen (unten, Gas Stufe 4) etwa 25 Minuten backen.

7. Die Temperatur auf 200° (Gas Stufe 3) reduzieren, und den Stollen weitere 25 Minuten backen. Mit der Stäbchenprobe kontrollieren, ob der Teig durchgebacken ist.

8. Den Stollen auf dem Backblech auskühlen lassen. Die Butter schmelzen und den Stollen damit bestreichen. Den Zucker auf den Stollen streuen und den Puderzucker dick darüber sieben.

Tips!

Sie können aus dem Teig auch zwei Stollen formen und backen, nur werden die dann nicht so saftig wie ein großer.
Lagern Sie den Stollen in einer gut schließenden Blechdose, darin bleibt er am längsten frisch.

Mindestens 1 Woche sollten Sie nach dem Backen mit dem Anschneiden des Stollens warten, denn erst dann hat sich das Aroma der Zutaten voll entfaltet.

Früchtestollen

Zutaten für 1 Kastenform von 25 cm Länge:
250 g Mehl
100 ml Milch
1/2 Würfel Hefe (20 g)
50 g Zucker
70 g Butterschmalz
2 cl Rum
abgeriebene Schale von 1/2 unbehandelten Zitrone
Salz
Für die Füllung:
200 g Powidl (Pflaumenmus)
2 Eßl. gemahlene Mandeln
2 Eßl. Paniermehl
100 g getrocknete Feigen
100 g Sultaninen
5 cl Rum
50 g Orangeat
Für die Glasur:
100 g Schokoladenkuvertüre, halbbitter
2 Eßl. gehackte Mandeln
Für die Form: Butterschmalz
Für die Arbeitsfläche: Mehl

Raffiniert

Bei 15 Stück pro Stück etwa:
1100 kJ/260 kcal
3 g Eiweiß · 9 g Fett
35 g Kohlenhydrate

- Ruhezeit: 30 Minuten
- Zubereitungszeit: etwa 2 Stunden (davon 50 Minuten Backzeit)

1. Das Mehl in eine Schüssel sieben. In die Mitte eine Mulde drücken. Die Milch lauwarm erhitzen. Die Hefe in die Mulde bröckeln und mit der Milch, dem Zucker und etwas Mehl vom Rand verrühren, bis sie sich aufgelöst hat. Das Butterschmalz, den Rum, die Zitronenschale und 1 Prise Salz in die Schüssel geben.

2. Alles mit den Knethaken des Handrührgeräts verrühren, bis sich der Teig vom Schüsselrand löst. Den Teig an einem warmen Ort etwa 30 Minuten ruhen lassen. Den Powidl mit dem Paniermehl und den Mandeln verrühren. Die Feigen würfeln. Die Sultaninen mit dem Rum beträufeln.

3. Die Form fetten. Den Backofen auf 180° vorheizen. Den Hefeteig auf der bemehlten Arbeitsfläche zu einem Rechteck von etwa 30 x 25 cm ausrollen. Mit dem Powidl bestreichen. Die Feigen, Sultaninen und das Orangeat darüber streuen. Die längeren Teigseiten zur Mitte hin aufrollen. Die Rolle in die Form setzen.

4. Den Stollen im Backofen (unten, Gas Stufe 2) in etwa 50 Minuten backen. In der Form auskühlen lassen. Eine Metallschüssel in einen Topf mit wenig heißem Wasser geben. Die Kuvertüre im Wasserbad schmelzen. Den Stollen aus der Form nehmen, mit der Kuvertüre überziehen und sofort mit den Mandeln bestreuen.

Quarkstollen

Zutaten für 1 Stollen:
60 g Sultaninen
180 g Mehl
1 Päckchen Backpulver
100 g Speisequark (20 % Fett i. Tr.)
50 g Butterschmalz
70 g Zucker
1 Päckchen Vanillinzucker
1 Ei
2 Eßl. Milch
2 Eßl. gemahlene Mandeln
Salz
5 Tropfen Bittermandelaroma
Zum Dekorieren:
50 g Butter
50 g Zucker
50 g Puderzucker
Für das Blech: Butterschmalz

Schnell

Bei 12 Stück pro Stück:
960 kJ/230 kcal
10 g Eiweiß · 3 g Fett
32 g Kohlenhydrate

- Zubereitungszeit: etwa 1 Stunde (davon 20 Minuten Backzeit)

1. Die Sultaninen mit heißem Wasser waschen und mit Küchenpapier trockentupfen. Das Backblech fetten und den Backofen auf 200° vorheizen.

2. Das Mehl und das Backpulver in eine Schüssel sieben. Nacheinander den Quark, das Butterschmalz, den Zucker, den Vanillinzucker, das Ei, die Milch, die Mandeln, 1 Prise Salz und das Bittermandelaroma einrühren. Zum Schluß die Sultaninen unterarbeiten.

3. Den Teig zu einem länglichen Laib formen und auf das Blech legen. Mit einem spitzen Messer der Länge nach 1–2 cm tief einschneiden.

4. Im Backofen (Mitte, Gas Stufe 3) in etwa 20 Minuten backen, bis er goldgelb ist. Den Stollen auf dem Backblech auskühlen lassen. Die Butter schmelzen und den Stollen damit bestreichen. Den Zucker darüber streuen und den Puderzucker darüber sieben.

Mohnstriezel

Zutaten für 1 Striezel:
Für die Füllung:
150 g Mohn
60 g Sultaninen
150 g Löffelbiskuit
70 g Zucker
20 g Butterschmalz
2 Eier
20 g Zitronat
abgeriebene Schale von 1/2 unbehandelten Zitrone
Salz
Für den Teig:
250 g Mehl
150 ml Milch
1/2 Würfel Hefe (20 g)
3 Eßl. Zucker
70 g Butterschmalz
Salz
Für die Streusel:
450 g Mehl
225 g Zucker
1 Päckchen Vanillinzucker
Salz
250 g kalte Butter
Für das Backblech: Backpapier
Für die Arbeitsfläche: Mehl

Spezialität aus Dresden

Bei 25 Stück pro Stück etwa:
1300 kJ/310 kcal
4 g Eiweiß · 15 g Fett
38 g Kohlenhydrate

- Zubereitungszeit: etwa 3 Stunden (davon 35 Minuten Ruhezeit und 50 Minuten Backzeit)

1. Für die Füllung den Mohn in einer Mohnmühle mahlen oder im Blitzhacker so lange bearbeiten, bis er deutlich dunkler geworden ist. Die Sultaninen mit heißem Wasser waschen und trockentupfen. Den Biskuit fein reiben. 200 ml Wasser in einem Topf erhitzen. Den Topf von der Herdplatte nehmen und den Mohn, die Biskuitbrösel, den Zucker und das Butterschmalz einrühren. Die Sultaninen, die Eier, das Zitronat, die Zitronenschale und 1 kräftige Prise Salz hinzufügen und ebenfalls verrühren. Die Füllung abkühlen lassen.

2. Für den Teig das Mehl in eine Schüssel sieben. In die Mitte eine Mulde drücken. Die Milch lauwarm erhitzen. Die Hefe in die Mulde bröckeln und mit der Milch, 1 Prise Zucker und etwas Mehl vom Rand verrühren, bis sie sich aufgelöst hat. Den Vorteig zugedeckt an einem warmen Ort etwa 20 Minuten ruhen lassen, bis er sichtbar aufgegangen ist.

3. Für die Streusel das Mehl, den Zucker, den Vanillinzucker und 1 kräftige Prise Salz auf die Arbeitsfläche häufeln. Die Butter kleinschneiden und darauf verteilen. Alles zu einem festen Streuselteig verkneten.

4. Den restlichen Zucker, das Butterschmalz und das Salz in die Schüssel zum Vorteig geben. Alles mit den Knethaken des Handrührgeräts verrühren, bis der Teig Blasen wirft und sich vom Schüsselrand löst. Den Teig zu einem länglichen Laib formen und zugedeckt etwa 15 Minuten an einem warmen Ort ruhen lassen.

5. Den Backofen auf 180° vorheizen. Das Backblech mit Backpapier belegen. Den Teig auf der bemehlten Arbeitsfläche zu einem Quadrat von etwa 35 x 35 cm ausrollen. Mit der Füllung bestreichen, aufrollen und mit der Nahtstelle nach unten auf das Backblech legen.

6. Die Teigrolle mit einem spitzen Messer der Länge nach etwa 4 cm tief einschneiden. Die Seiten auseinanderziehen. Den Streuselteig mit einem Messer fein hacken und auf die Mitte des Striezels geben. Den Striezel im Backofen (Mitte, Gas Stufe 2) in etwa 50 Minuten backen.

Mohn wird sehr gerne beim Backen verwendet. Hier gibt der bläulichweiße Samen einem Stollen den unverwechselbaren Geschmack.

merry Christmas

Mandelstollen

Zutaten für 1 Stollen:
650 g Mehl
150 ml Milch
1 1/2 Würfel Hefe (60 g)
100 g Zucker
250 g Butter
80 g Butterschmalz
Salz
300 g Mandeln, gemahlen
150 g Mandeln, gehackt
50 g Zitronat
50 g Orangeat
1/2 Teel. gemahlene Mazisblüte
1/2 Teel. Bittermandelaroma
1 Teel. Vanillearoma
abgeriebene Schale 1/2 unbehandelten Zitrone
Zum Dekorieren:
150 g Butter
80 g Zucker
125 g Puderzucker
Für das Blech:
Pappe
Backpapier

Raffiniert

Bei 23 Stück pro Stück etwa:
1900 kJ/450 kcal
6 g Eiweiß · 32 g Fett
41 g Kohlenhydrate

- Zubereitungszeit: etwa 3 1/2 Stunden (davon 1 Stunde 20 Minuten Ruhezeit und 50 Minuten Backzeit)

1. Alle Zutaten bis auf die Hefe und die Milch einen Tag zuvor abwiegen und bei Zimmertemperatur stehen lassen. Die Mandeln, das Zitronat, das Orangeat, die Mazisblüte, die Aromen und die Zitronenschale können Sie in eine Schüssel geben.

2. Das Mehl in eine große Schüssel sieben. In die Mitte eine Mulde drücken. Die Milch lauwarm erhitzen. Die Hefe mit 100 ml Milch, 1 Prise Zucker und etwas Mehl verrühren, bis sie sich aufgelöst hat, und in die Mulde geben. Den Vorteig zugedeckt an einem warmen Ort etwa 20 Minuten ruhen lassen.

3. Die Butter, das Butterschmalz, die restliche Milch, den restlichen Zucker und 1 Prise Salz in die Schüssel geben. Alles mit den Knethaken des Handrührgeräts verrühren, bis der Teig Blasen wirft und sich vom Schüsselrand löst. Die restlichen Zutaten dazugeben und gut unterarbeiten.

4. Den Teig zugedeckt etwa 1 Stunde an einem warmen Ort ruhen lassen. Den Backofen auf 220° vorheizen. Um zu vermeiden, daß der Stollen an der Unterseite zu dunkel wird, auf das Backblech Pappe und darauf Backpapier legen.

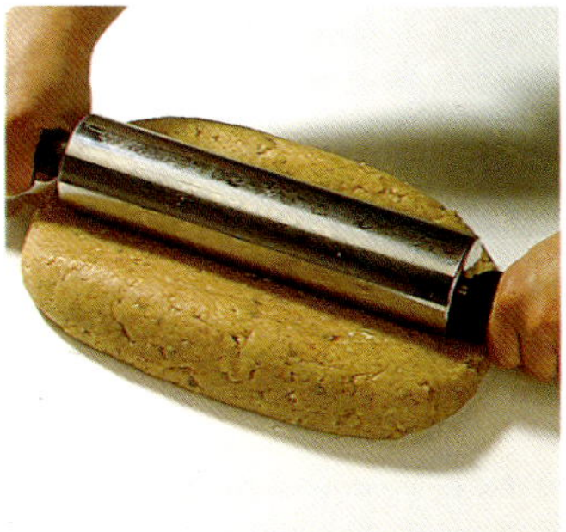

5. Den Teig noch einmal durchkneten. Einen Laib von etwa 40 cm Länge daraus formen. Mit dem Teigroller ein wenig flach rollen, in der Mitte etwas tiefer. Eine Längsseite zur Mitte klappen.

6. Den Stollen auf das Backblech setzen. Im Ofen (Mitte, Gas Stufe 4) etwa 20 Minuten backen.

7. Die Temperatur auf 200° (Gas Stufe 3) reduzieren und den Stollen in etwa 30 Minuten fertig backen. Mit der Stäbchenprobe kontrollieren, ob der Teig durchgebacken ist.

8. Den Stollen auf dem Backblech auskühlen lassen. Die Butter schmelzen und den Stollen damit bestreichen. Den Zucker auf den Stollen streuen und den Puderzucker dick darüber sieben.

Varianten:
Sie können als Überraschung in die Mitte des Stollens ein Marzipanbrot oder Kuvertürestückchen einbacken.
Sehr gut schmeckt dieser Stollen auch mit einer Schokoladenglasur.

Tip!

Wenn Ihnen das Einschlagen des Teigs zu kompliziert ist, können Sie statt dessen den Stollen der Länge nach einfach 2–3 cm tief einschneiden.

Nußrolle

Zutaten für 1 Kastenform von 25 cm Länge:

Für den Teig:
230 g Mehl
150 ml Milch
1/2 Würfel Hefe (20 g)
45 g Zucker
65 g Butterschmalz
1 Teel. Salz

Für die Füllung:
50 g Sultaninen
50 g Butterschmalz
50 g Marzipanrohmasse
100 g Haselnüsse, gemahlen
50 g Paniermehl
3 Eßl. Mehl
1 Ei
2 Eßl. Grieß
150 g Zucker
2 Eßl. Zitronat

Zum Dekorieren:
50 g Butter
80 g Zucker
50 g Puderzucker

Für die Form: Butterschmalz
Für die Arbeitsfläche: Mehl

Gelingt leicht

Bei 15 Stück pro Stück etwa:
1400 kJ/330 kcal
4 g Eiweiß · 18 g Fett
41 g Kohlenhydrate

- Zubereitungszeit: etwa 2 1/2 Stunden (davon 40 Minuten Ruhezeit und 50 Minuten Backzeit)

1. Das Mehl in eine Schüssel sieben. In die Mitte eine Mulde drücken. Die Milch lauwarm erhitzen. Die Hefe in die Mulde bröckeln und mit der Milch, 1 Prise Zucker und etwas Mehl vom Rand verrühren, bis sie sich aufgelöst hat. Den Vorteig zugedeckt an einem warmen Ort etwa 20 Minuten ruhen lassen, bis er sichtbar aufgegangen ist.

2. Für die Füllung die Sultaninen mit heißem Wasser waschen und trockentupfen. Das Butterschmalz schmelzen. In einer Schüssel die Marzipanrohmasse, die Nüsse, das Paniermehl, das Mehl, das Ei, den Grieß, den Zucker und das Zitronat sorgfältig mit einer halben Tasse Wasser verrühren. Das Butterschmalz einarbeiten.

3. Den restlichen Zucker, das Butterschmalz und das Salz zum Vorteig geben. Alles mit den Knethaken des Handrührgeräts verrühren, bis der Teig Blasen wirft und sich vom Schüsselrand löst. Zugedeckt etwa 20 Minuten an einem warmen Ort ruhen lassen.

4. Die Form fetten. Den Backofen auf 180° vorheizen. Den Hefeteig auf der bemehlten Arbeitsfläche zu einem Quadrat von etwa 25 x 25 cm ausrollen. Mit der Nußfüllung bestreichen. Die Sultaninen darüber streuen. Die Teigplatte von der rechten und der linken Seite gleichmäßig zur Mitte hin aufrollen. Die Rolle in die Form legen.

5. Im Backofen (Mitte, Gas Stufe 2) in etwa 50 Minuten backen. Die Nußrolle in der Form auskühlen lassen, anschließend auf eine Platte stürzen. Die Butter schmelzen und die Nußrolle damit bestreichen. Mit dem Zucker bestreuen, den Puderzucker darüber sieben.

Variante:
Sehr gut schmeckt diese Rolle auch, wenn Sie statt der Haselnüsse gemahlene Mandeln in die Füllung geben.

Ebenso dekorativ wie delikat: die Nußrolle.

Honey Ginger Cake

Zutaten für 1 Kastenform von 25 cm Länge:
250 g Honig
125 g weiche Butter
125 g brauner Zucker
Salz
3 Eier
400 g Mehl
1 Päckchen Backpulver
1/8 l Milch
1 Teel. Zimtpulver
1 Teel. Ingwerpulver
Zum Dekorieren:
150 g Schokoladenkuvertüre, halbbitter
3 Eßl. gehackte Mandeln
Für die Form: Backpapier

Spezialität aus England

Bei 15 Stück pro Stück etwa:
1400 kJ/330 kcal
5 g Eiweiß · 13 g Fett
49 g Kohlenhydrate

- Zubereitungszeit: etwa 2 Stunden (davon 50 Minuten Backzeit)

1. Die Form mit Backpapier auskleiden. Den Honig erwärmen. Die Butter mit dem Zucker und 1 Prise Salz schaumig rühren. Die Eier und den Honig dazugeben. Das Mehl und das Backpulver mit der Milch, dem Zimt- und dem Ingwerpulver unterrühren. Den Backofen auf 180° vorheizen.

2. Den Teig in die Form füllen und im Backofen (Mitte, Gas Stufe 2) in etwa 50 Minuten backen. Den Kuchen in der Form erkalten lassen.

3. Den Kuchen aus der Form nehmen. Die Kuvertüre im Wasserbad schmelzen. Den Kuchen mit der Kuvertüre bestreichen und sofort mit den Mandeln bestreuen.

Bûche de Noël

Zutaten für 1 Roulade von etwa 30 cm Länge:
Für die Füllung:
1 Päckchen Vanillepuddingpulver
1/2 l Milch
100 g Zucker
1 Eßl. Kakaopulver
1 Eßl. Instant-Kaffeepulver
250 g weiche Butter
Für den Teig:
35 g Butter
6 Eigelb
100 g Zucker
4 Eiweiß
100 g Mehl
Zum Dekorieren:
Puderzucker
Pistazien, gehackt
Schokoladenblätter
Für das Backblech: Backpapier

Spezialität aus Frankreich

Bei 15 Stück pro Stück etwa:
1200 kJ/290 kcal
3 g Eiweiß · 20 g Fett
22 g Kohlenhydrate

- Zubereitungszeit: etwa 1 1/2 Stunden (davon 8 Minuten Backzeit)
- Kühlzeit: 1 1/2 Stunden

1. Nach Packungsvorschrift aus dem Puddingpulver, der Milch und dem Zucker einen Pudding kochen. Das Kakao- und das Kaffeepulver einrühren. Den Pudding erkalten lassen. Löffelweise die Butter einrühren, so daß eine Creme entsteht.

2. Das Backblech mit Backpapier belegen. Den Backofen auf 220° vorheizen. Die Butter für den Teig zerlassen. Die Eigelbe mit 50 g Zucker cremig rühren. Die Eiweiße mit dem restlichen Zucker steif schlagen. Eigelbmasse und Eischnee vorsichtig mischen. Das Mehl und die Butter unterheben. Den Teig auf dem Backblech verstreichen. Im Backofen (Mitte, Gas Stufe 4) in 5–8 Minuten goldgelb backen.

3. Die Biskuitplatte auf ein Küchentuch stürzen. Das Papier abziehen. Den Kuchen erkalten lassen. Zwei Drittel der Creme auf der Biskuitplatte verstreichen. Den Kuchen aufrollen, mit dem Backpapier fest umschließen und etwa 30 Minuten kühl stellen.

4. Die Roulade aus dem Papier nehmen. Die restliche Creme in einen Spritzbeutel mit Sterntülle füllen und in Längsstreifen auf die Roulade spritzen. Mit Pistazien, Puderzucker und Schokoladenblättern dekorieren. Die Roulade vor dem Verzehr etwa 1 Stunde kühl stellen.

Im Bild oben: Honey Ginger Cake
Im Bild unten: Bûche de Noël

Weihnachtskranz

Dieses Blätterteiggebäck gibt es in Holland zum Nikolaustag.

Zutaten für 1 Kranz von etwa
15 cm Ø:
250 g Mandeln, gemahlen
250 g Zucker
2 Eßl. Zitronat
1 Ei
6 Platten tiefgefrorener Blätterteig
(450 g)
1 Eiweiß
Zum Dekorieren:
1 Eigelb
kandierte Kirschen
Mandelkerne
Für die Arbeitsfläche: Mehl
Für das Backblech: Backpapier

Gelingt leicht

Bei 10 Stück pro Stück etwa:
2000 kJ/480 kcal
9 g Eiweiß · 30 g Fett
48 g Kohlenhydrate

- Ruhezeit: 12 1/2 Stunden
- Zubereitungszeit: etwa 1 Stunde (davon 15–20 Minuten Backzeit)

1. Die Mandeln, den Zucker, das Zitronat und das Ei zu einer festen Masse verrühren und über Nacht kühl stellen.

2. Die Blätterteigplatten in etwa 15 Minuten auftauen lassen. Auf der bemehlten Arbeitsfläche zu einem Stück von etwa 12 cm Breite und 40 cm Länge ausrollen. Die Mandelmasse zu einer ebenso langen Rolle formen und in den Teig einrollen. Die Nahtstelle des Blätterteigs mit etwas Eiweiß bestreichen.

3. Das Backblech mit Backpapier belegen. Die Teigrolle mit der Nahtstelle nach unten darauf zu einem Kreis legen. Die Anschlußstelle zusammendrücken und mit dem restlichen Eiweiß bestreichen.

4. Das Eigelb mit einer halben Tasse Wasser verrühren. Den Kranz damit bestreichen und mit Kirschen und Mandeln dekorieren. Etwa 30 Minuten ruhen lassen. Den Backofen auf 220° vorheizen.

5. Den Kranz im Backofen (Mitte, Gas Stufe 4) in etwa 15–20 Minuten goldbraun backen.

Brandy Snaps

Zutaten für etwa 15 Stück:
Für den Teig:
140 g Butter
140 g Rübensirup
100 g Mehl
100 g Zucker
3 Eßl. gemahlene Walnüsse
1 Teel. Ingwerpulver
1 Eßl. Weinbrand
Für die Füllung:
4 Blatt Gelatine
400 g Sahne
4 Eßl. Sherry
Für das Backblech:
Butterschmalz

Spezialität aus Kanada

Bei 16 Stück pro Stück etwa:
1000 kJ/240 kcal
2 g Eiweiß · 18 g Fett
20 g Kohlenhydrate

- Zubereitungszeit: etwa 2 1/4 Stunden (davon 10–15 Minuten Backzeit)

1. Die Butter schmelzen. Mit dem Sirup in einer Schüssel verrühren. Das Mehl mit dem Zucker, den Walnüssen, dem Ingwer und dem Weinbrand einrühren.

2. Das Backblech fetten. Den Backofen auf 170° vorheizen. Die Gelatine in kaltem Wasser einweichen.

3. Den Teig in vier Portionen teilen. Ein Viertel auf dem Backblech mit einem Teigschaber zu vier runden Oblaten verstreichen. Den Teig im Backofen (Mitte, Gas Stufe 2) in 10–15 Minuten backen. Mit dem übrigen Teig ebenso verfahren.

4. Die Oblaten jeweils noch heiß um eine Rolle von 2–3 cm Durchmesser wickeln und erkalten lassen.

5. Die Sahne steif schlagen. Die Gelatine ausdrücken und im Wasserbad unter Rühren auflösen. Etwas abkühlen lassen und mit dem Sherry unter die Sahne heben. Die Sherrysahne in einen Spritzbeutel mit Sterntülle geben und in die Röllchen spritzen.

Bild oben: Weihnachtskranz
Bild unten: Brandy Snaps

Baumkuchenecken

Zutaten für etwa 30 Stück:
Für die Füllung:
200 g Sahne
1 Eßl. Zucker
100 g Schokoladenkuvertüre, halbbitter
100 g Nougat
1 Eßl. Butter
1 Eigelb
Für den Teig:
150 g weiche Butter
70 g Speisestärke
50 g Marzipanrohmasse
Mazisblüte, gemahlen
abgeriebene Schale von 1/2 unbehandelten Zitrone
8 Eier
170 g Zucker
Salz
60 g Mehl
Für die Glasur:
300 g Schokoladenkuvertüre, halbbitter
40 g Pistazien, gehackt
Für das Backblech:
Butterschmalz
Backpapier

Raffiniert

Bei 30 Stück pro Stück etwa:
1000 kJ/240 kcal
4 g Eiweiß · 17 g Fett
20 g Kohlenhydrate

- Kühlzeit: 10 Stunden
- Zubereitungszeit: etwa 3 Stunden

1. Für die Füllung die Sahne mit dem Zucker aufkochen. Die Kuvertüre und den Nougat kleinschneiden und bei schwacher Hitze darin auflösen. Etwa 5 Minuten rühren, bis die Masse cremig wird. Die Butter und das Eigelb unterrühren. Die Creme zugedeckt etwa 8 Stunden kühl stellen.

2. Für den Teig die Butter mit der Speisestärke verrühren. Die Marzipanrohmasse kleinschneiden und mit 1 Prise Mazisblüte und der Zitronenschale hinzufügen. Alles schaumig rühren.

3. Die Eier trennen. Die Eigelbe mit der Hälfte des Zuckers zu einer hellen cremigen Masse verrühren. Das dauert 8–10 Minuten. Die Eiweiße mit 1 Prise Salz steif schlagen, dabei langsam den restlichen Zucker einrieseln lassen.

4. Die Butter- und die Eigelbmasse miteinander verrühren. Vorsichtig erst ein Drittel des Eischnees unterheben, dann den Rest zusammen mit dem Mehl unterziehen.

5. Den Backofen auf 240° vorheizen. Den Rand des Backblechs einfetten. Das Blech mit Backpapier auslegen.

6. Etwa ein Fünftel des Teigs auf das Blech streichen und etwa 5 Minuten backen (oben, Gas Stufe 4). Die Oberfläche soll gleichmäßig goldgelb sein. Das nächste Fünftel auf die erste Schicht streichen und etwa 5 Minuten backen. Den Vorgang so lange wiederholen, bis der Teig verbraucht ist.

7. Den Baumkuchen auf dem Blech auskühlen lassen. Mit einem Messer vom Rand lösen, auf eine Platte stürzen und das Backpapier abziehen. Den Kuchen in zwei Hälften schneiden. Eine Metallschüssel in einen Topf mit wenig heißem, aber nicht siedendem Wasser stellen. Die Creme in die Schüssel geben und schaumig rühren. Die Teigplatte mit der Creme bestreichen, die andere Kuchenhälfte darauf setzen. Den Kuchen etwa 2 Stunden kühl stellen.

8. Das Wasserbad wieder erhitzen. Die Kuvertüre in die Schüssel bröckeln und im Wasserbad schmelzen. Den Kuchen in etwa 5 x 5 cm große Quadrate schneiden und diese diagonal teilen. Mit der Kuvertüre überziehen und mit den Pistazien bestreuen. Auf Backpapier trocknen lassen.

Variante:
Aus demselben Teig können Sie auch eine Baumkuchentorte zubereiten. Teilen Sie den Teig in zwei Portionen und backen Sie ihn jeweils schichtweise nacheinander in zwei Springformen. Mit der Creme setzen Sie die beiden Böden zusammen und bestreichen die Oberfläche der Torte. Zum Schluß überziehen Sie die Torte mit der Kuvertüre und bestreuen sie mit Pistazien.

Mit etwas Geduld gelingen die feinsten Köstlichkeiten, so auch die unwiderstehlichen Baumkuchenecken.

Sächsischer Kartoffelkuchen

In Sachsen wird dieser leckere Kuchen in der kalten Jahreszeit sehr gerne warm gegessen.

Zutaten für ein Backblech:
350 g Kartoffeln
200 g Sultaninen
350 g Mehl
300 ml Milch
1 Würfel Hefe (42 g)
150 g Zucker
40 g Butterschmalz
1/2 Teel. Salz
abgeriebene Schale von 1/2 unbehandelten Zitrone
50 g Zitronat
Für den Belag:
125 g Butter
200 g Zucker
3 Teel. Zimtpulver
Für das Backblech: Butterschmalz
Für die Arbeitsfläche: Mehl

Gelingt leicht

Bei 24 Stück pro Stück etwa:
880 kJ/210 kcal
2 g Eiweiß · 8 g Fett
36 g Kohlenhydrate

- Ruhezeit: 12 1/2 Stunden
- Zubereitungszeit: etwa 2 Stunden (davon 20 Minuten Backzeit)

1. Die Kartoffeln waschen, bei schwacher Hitze in etwa 30 Minuten garen, abgießen und pellen. Die Kartoffeln durch die Kartoffelpresse drücken. Zugedeckt bei Zimmertemperatur über Nacht stehen lassen.

2. Die Sultaninen mit heißem Wasser waschen und trockentupfen. Das Mehl in eine Schüssel sieben. In die Mitte eine Mulde drücken. Die Milch lauwarm erhitzen. Die Hefe in die Mulde bröckeln und mit der Milch, 1 Prise Zucker und etwas Mehl vom Rand verrühren. Den Vorteig zugedeckt an einem warmen Ort etwa 15 Minuten ruhen lassen.

3. Den restlichen Zucker, das Butterschmalz, das Salz und die Zitronenschale in die Schüssel geben. Alles mit den Knethaken des Handrührgeräts verrühren, bis der Teig sich vom Schüsselrand löst. Die Sultaninen, das Zitronat und die Kartoffeln unterarbeiten. Den Teig zugedeckt an einem warmen Ort etwa 15 Minuten ruhen lassen.

4. Das Backblech fetten. Den Backofen auf 220° vorheizen. Den Teig auf der bemehlten Arbeitsfläche auf Blechgröße ausrollen und auf das Blech legen. Mit den Fingerspitzen Vertiefungen in den Teig drücken. Die Butter zerlassen. Etwa die Hälfte davon auf dem Teig verstreichen. Den Zucker mit dem Zimt vermischen und den Kuchen damit bestreuen.

5. Den Kuchen im Backofen (unten, Gas Stufe 4) in etwa 20 Minuten backen. Kurz vor Ende der Backzeit die restliche Butter auf dem Kuchen verstreichen.

Zimtwaffeln

Zutaten für etwa 50 Herzen:
125 g weiche Butter
50 g Zucker
1 Päckchen Vanillinzucker
3 Eier · 150 g Mehl
100 g Speisestärke
1/2 Päckchen Backpulver
1/8 l Milch
1 Teel. Zimtpulver · Salz
Früchte nach Belieben
Für das Waffeleisen: Butterschmalz
Zum Bestäuben: Puderzucker

Schnell

Bei 50 Stück pro Stück etwa:
220 kJ/52 kcal
1 g Eiweiß · 3 g Fett
7 g Kohlenhydrate

- Zubereitungszeit: etwa 1 Stunde

1. Die Butter mit dem Zucker und dem Vanillinzucker schaumig rühren. Nacheinander die Eier, das Mehl, die Speisestärke, das Backpulver, die Milch, den Zimt und 1 Prise Salz einrühren.

2. Das Waffeleisen erhitzen und einfetten. Eine kleine Kelle Teig auf der Backfläche verteilen. Die Form schließen und den Teig in 2–3 Minuten knusprig backen. Auf diese Weise den ganzen Teig backen. Die fertigen Waffeln mit Puderzucker bestäuben und nach Belieben mit Früchten servieren.

Im Bild oben: Sächsischer Kartoffelkuchen
Im Bild unten: Zimtwaffeln

Weihnachtslichtel

Zutaten für etwa 16 Stück:
Für den Teig:
80 g Mehl
50 g Mandeln, gemahlen
8 Eigelb
100 g Zucker
4 Eiweiß
Salz
Für die Füllung:
4 Eßl. Rum
400 g Orangenmarmelade
Zum Dekorieren:
100 g Kokosraspel
100 g Schokoladenkuvertüre, halbbitter
16 Mandelkerne, geschält
Pistazien, gehackt, nach Belieben
Für das Backblech: Backpapier

Raffiniert

Bei 16 Stück pro Stück etwa:
920 kJ/220 kcal
3 g Eiweiß · 10 g Fett
30 g Kohlenhydrate

- Zubereitungszeit: etwa 2 Stunden (davon 10 Minuten Backzeit)

1. Das Mehl in eine Schüssel sieben. Die Mandeln daruntermischen. Die Eigelbe mit 50 g Zucker so lange verrühren, bis eine helle cremige Masse entstanden ist. Die Eiweiße mit 1 Prise Salz steif schlagen, dabei den restlichen Zucker einrieseln lassen.

2. Den Backofen auf 240° vorheizen. Das Backblech mit Backpapier belegen. Ein Drittel des Eischnees mit einem Löffel unter die Eigelbmasse heben. Den restlichen Eischnee mit dem Mandelmehl vorsichtig unterarbeiten.

3. Den Teig mit einem Teigschaber gleichmäßig auf dem Backblech verstreichen. Im Backofen (Mitte, Gas Stufe 5) in etwa 10 Minuten goldgelb backen.

4. Die Biskuitplatte auf ein Küchentuch stürzen. Das Backpapier abziehen und beiseite legen. Die Platte mit dem Rum beträufeln und in 2 Hälften schneiden. 300 g Orangenmarmelade glattrühren und dünn auf den Biskuit auftragen. Die beiden Platten vorsichtig aufrollen.

5. Die restliche Marmelade in einem kleinen Topf erhitzen. Die Biskuitrollen damit bestreichen. Die Kokosraspel darüber streuen.

6. Eine Metallschüssel in einen Topf mit wenig heißem, aber nicht siedendem Wasser stellen. Die Kuvertüre in die Schüssel bröckeln und im Wasserbad schmelzen. Die Mandelkerne in einer trockenen Pfanne rösten.

7. Die Rollen in etwa 16 gleich große Stücke von etwa 4–5 cm Länge schneiden. Jeweils erst die eine Schnittfläche etwa 5 mm tief in die Kuvertüre tauchen, dann die andere. Zum Trocknen auf das Backpapier legen. Mit einem Klecks flüssiger Kuvertüre auf jede »Kerze« (Lichtel) eine geröstete Mandel so kleben, daß sie wie eine Kerzenflamme aussieht. Nach Belieben mit gehackten Pistazien bestreuen.

Variante:
Wenn Sie die Weihnachtslichtel ohne Alkohol zubereiten möchten, dann beträufeln Sie den Biskuit statt mit Rum mit einer Mischung aus 5 Eßlöffeln Wasser und 4 Eßlöffeln Zucker, die Sie einmal aufkochen lassen und mit 1/2 Teelöffel Rumaroma aromatisieren.

Auch diese »Weihnachtslichtel« lassen die Augen strahlen – und das Wasser im Munde zusammenlaufen.

Punsch-apfeltorte

Zutaten für eine Springform von 26 cm Ø:
Für den Teig:
100 g Marzipanrohmasse
150 g weiche Butter
50 g Speisestärke
3 Eier
150 g Zucker
1 Päckchen Vanillinzucker
100 g Mehl
1 Teel. Backpulver
Für den Belag:
1/2 l kräftiger Rotwein
100 ml Orangensaft
3 Eßl. Rum
6 Eßl. Zucker
1 dünne Scheibe von einer unbehandelten Zitrone
1/2 Zimtstange
3 Nelken
2 säuerliche Äpfel
7 Blatt Gelatine
1 Eßl. Speisestärke
600 g Sahne
Für das Gelee:
4 Blatt Gelatine
Zum Dekorieren:
200 g Sahne
1 Päckchen Sahnesteif
40 g Pistazien, gehackt
Für die Form: Backpapier

Braucht etwas Zeit

Bei 16 Stück pro Stück etwa:
1800 kJ/430 kcal
7 g Eiweiß · 28 g Fett
31 g Kohlenhydrate

- Zubereitungszeit: etwa 2 Stunden (davon 15 Minuten Backzeit und 1 3/4 Stunden Kühlzeit)

1. Die Marzipanrohmasse kleinschneiden und mit der Butter und der Speisestärke schaumig rühren. Die Springform mit Backpapier auskleiden. Den Backofen auf 200° vorheizen.

2. Die Eier, den Zucker und den Vanillinzucker so lange verrühren, bis eine helle cremige Masse entstanden ist. Mit der Marzipanmischung verrühren. Das Mehl und das Backpulver unterheben. Den Teig in die Springform geben und glattstreichen. Im Backofen (Mitte, Gas Stufe 3) in etwa 15 Minuten backen.

3. Den Rotwein mit dem Orangensaft, dem Rum, dem Zucker, der Zitronenscheibe, der Zimtstange und den Nelken aufkochen. Die Äpfel waschen, schälen, vierteln und vom Kerngehäuse befreien. Jedes Viertel in drei Scheiben schneiden. In dem Punsch etwa 10 Minuten köcheln lassen.

4. Die 7 Gelatineblätter in kaltem Wasser einweichen. Das Apfelkompott in ein Sieb schütten, dabei den Punsch auffangen. 1/4 l Punsch mit der Speisestärke verrühren. Die Gelatine abtropfen lassen, ausdrücken und in den warmen angedickten Punsch rühren.

5. Für das Gelee 4 Gelatineblätter in kaltem Wasser einweichen, abtropfen lassen, ausdrücken und in den restlichen warmen Punsch rühren.

6. Den Tortenboden aus der Form lösen und das Backpapier abziehen. Den Kuchen wieder in die Springform setzen. 600 g Sahne steif schlagen. Zuerst etwa ein Drittel unter den angedickten Punsch rühren, dann den Rest mit einem Holzlöffel unterziehen. Auf den Tortenboden geben und glattstreichen.

7. Die Apfelstücke ringförmig auf die Punschsahne legen. Die Torte etwa 15 Minuten kühl stellen, dann das Punschgelee darauf gießen. Die Torte etwa 1 1/2 Stunden kühl stellen.

8. Die Torte aus der Form lösen. 200 g Sahne steif schlagen, dabei das Sahnesteif einstreuen.

9. Den Rand der Torte mit einem Teil der Sahne bestreichen. Die restliche Sahne in einen Spritzbeutel mit Sterntülle geben und Rosetten auf die Tortenoberfläche spritzen. Die Pistazien an den Rand und auf die Rosetten streuen. Die Torte bis zum Servieren kühl stellen.

Dieses Glanzstück jeder Kaffeetafel können Sie zur Abwechlung statt mit Äpfeln auch einmal mit Birnen zubereiten.

Mohn-sahnetorte

Zutaten für eine Springform von 26 cm Ø:
Für den Teig:
4 Eier
100 g Zucker
1 Päckchen Vanillinzucker
Salz
120 g Mehl
1/2 Päckchen Backpulver
6 Eßl. Öl
Für die Füllung:
80 g Mohn
1 Eßl. Zitronat
1 Eßl. Orangeat
1/8 l Milch
3 Eßl. Zucker
5 Tropfen Bittermandelaroma
7 Blatt Gelatine
600 g Sahne
Zum Dekorieren:
3 Blatt Gelatine
400 g Sahne
1 Eßl. Zucker
16 rote Belegkirschen
3 Eßl. Schokospäne
1 Teel. Puderzucker
Schokoladenfiguren
Für die Form: Backpapier

Raffiniert

Bei 16 Stück pro Stück etwa:
1300 kJ/310 kcal
7 g Eiweiß · 21 g Fett
24 g Kohlenhydrate

- Zubereitungszeit: etwa 2 1/2 Stunden (davon 25 Minuten Backzeit)
- Kühlzeit: 1 1/2 Stunden

1. Die Eier, den Zucker, den Vanillinzucker und 1 Prise Salz so lange verrühren, bis eine helle cremige Masse entstanden ist. Das Mehl und das Backpulver auf die Eiermasse sieben. Das Öl dazugeben und alles vorsichtig verrühren.

2. Den Backofen auf 180° vorheizen. Die Springform mit Backpapier auskleiden. Den Teig einfüllen und glattstreichen. Im Ofen (Mitte, Gas Stufe 2) in etwa 25 Minuten backen. Den Kuchen in der Form auskühlen lassen.

3. Für die Füllung den Mohn in einer Mohnmühle mahlen oder im Blitzhacker so lange bearbeiten, bis er deutlich dunkler geworden ist. Das Zitronat und das Orangeat sehr fein hacken. Die Milch mit dem Zucker aufkochen. Den Mohn, das Zitronat, das Orangeat und das Bittermandelaroma einrühren.

4. 7 Blatt Gelatine in kaltem Wasser einweichen. Den Tortenboden aus der Form lösen und das Backpapier abziehen. Den Tortenboden quer halbieren. Eine Hälfte wieder in die Springform setzen.

5. Die Gelatine abtropfen lassen, ausdrücken und in einem Topf bei schwacher Hitze auflösen. In die Mohnmasse rühren und lauwarm abkühlen lassen. 600 g Sahne steif schlagen und unter die Mohnmasse heben. Die Mohnsahne gleichmäßig auf dem Tortenboden in der Form verstreichen. Den zweiten Tortenboden darauf legen. Die Torte in der Form etwa 1 1/2 Stunden kühl stellen.

6. 3 Blatt Gelatine in kaltem Wasser einweichen. Die Torte mit einem Messer vom Rand der Form lösen und den Ring abnehmen. 400 g Sahne steif schlagen, dabei den Zucker einrieseln lassen. Die Gelatine abtropfen lassen, ausdrücken und in einem Topf bei schwacher Hitze auflösen. Etwas abkühlen lassen und unter die Sahne mischen.

7. Die Torte mit einem Teil der Sahne bestreichen. Die restliche Sahne in einen Spritzbeutel mit Sterntülle füllen und 16 Rosetten auf die Tortenoberfläche spritzen. Die Belegkirschen auf die Rosetten setzen. In die Mitte die Schokospäne streuen und den Puderzucker darüber sieben. Die Schokoladenfiguren an die Rosetten stecken und an den Rand drücken. Die Torte bis zum Servieren kühl stellen.

Mit ihrer Füllung aus Sahne, Mohn, Orangeat und Zitronat ist diese anspruchsvolle Torte ein typischer Winterkuchen.

REZEPT- UND SACHREGISTER

Zum Gebrauch
Damit Sie Rezepte mit bestimmten Zutaten noch schneller finden können, stehen in diesem Register zusätzlich auch beliebte Zutaten wie Honig und Marzipan – ebenfalls alphabetisch geordnet und halbfett gedruckt – über den entsprechenden Rezepten.

IMPRESSUM

Umschlag Vorderseite: Das Rezept für den Dresdner Christstollen finden Sie auf Seite 38, das für die Honigkuchenherzen auf Seite 10 und das für die Zimtsterne auf Seite 24.

Redaktion: Constanze Hub
Layout: Ludwig Kaiser
Typografie: Robert Gigler
Herstellung: Peter Pleischl
Fotos: Odette Teubner, Dorothee Gödert
Umschlaggestaltung: Heinz Kraxenberger
Satz: Computersatz Wirth, Regensburg
Reproduktion: Artilitho, Trento
Printed in Italy
ISBN 3-7742-1928-1

Auflage 5. 4. 3.
Jahr 1998 97 96 95

Birgit Schlegel
lebt in Dresden, wo sie auch geboren ist. Sie stammt aus einer Familie, die bereits seit drei Generationen eine Bäckerei betreibt. Da lag es nahe, daß Frau Schlegel in die Fußstapfen von Großeltern und Mutter trat und Konditormeisterin wurde. Nach ihrer Ausbildung war sie Chefpatissier im »Dresdner Hof«, heute leitet sie die Patisserie des »Dresden Hilton«. Ihre Freizeit verbringt sie mit ihrem Mann und ihrer kleinen Tochter.

Odette Teubner
wurde durch ihren Vater, den international bekannten Food-Fotografen Christian Teubner, ausgebildet. Heute arbeitet sie ausschließlich im Studio für Lebensmittelfotografie Teubner. In ihrer Freizeit ist sie begeisterte Kinderporträtistin – mit dem eigenen Sohn als Modell.

Dorothee Gödert
arbeitete nach ihrer Ausbildung zur Fotografin zunächst im Bereich Stillife- und Interieurfotografie. Nach einem Aufenthalt in Princeton/USA spezialisierte sie sich auf Food-Fotografie. Sie war bei namhaften Food-Fotografen tätig. Seit April 1988 fotografiert sie im Fotostudio Teubner.